高考英语效度研究

新时代的上海方案

潘鸣威　秦惠康　著

上海交通大学出版社
SHANGHAI JIAO TONG UNIVERSITY PRESS

内容提要

本书是在上海市率先实行高考外语科目"一年两考"背景下所开展的高考英语(上海卷)考试效度研究。本书基于社会-认知效度验证模型,研究了高考英语(上海卷)的考生特征、情景效度、认知效度、评分效度、效标关联效度以及后效效度等方面的内容,系统梳理了自1985年上海市开展高考自主命题以来直至2017年"一年两考"政策落地后高考英语(上海卷)所取得的成果和经验。本书适合外语测试领域研究人员和基础教育管理人员、外语教师等阅读使用。

图书在版编目(CIP)数据

高考英语效度研究:新时代的上海方案/潘鸣威,
秦惠康著.—上海:上海交通大学出版社,2023.5
ISBN 978-7-313-28693-2

Ⅰ.①高⋯ Ⅱ.①潘⋯②秦⋯ Ⅲ.①英语课-教学
研究-高中 Ⅳ.①G633.412

中国国家版本馆 CIP 数据核字(2023)第 082329 号

高考英语效度研究——新时代的上海方案
GAOKAO YINGYU XIAODU YANJIU —— XINSHIDAI DE SHANGHAI FANGAN

著　者：潘鸣威　秦惠康
出版发行：上海交通大学出版社　　　　　　　地　址：上海市番禺路 951 号
邮政编码：200030　　　　　　　　　　　　　电　话：021-64071208
印　制：常熟市文化印刷有限公司　　　　　　经　销：全国新华书店
开　本：710mm×1000mm　1/16　　　　　　印　张：12.5
字　数：211 千字
版　次：2023 年 5 月第 1 版　　　　　　　　印　次：2023 年 5 月第 1 次印刷
书　号：ISBN 978-7-313-28693-2
定　价：78.00 元

序

　　我国自隋朝创立科举制度以来,考试往往与考生的人生轨迹息息相关。而高考作为当代中国的第一大考,每年不仅决定着千千万万考生的命运,也牵动着每位考生家长的心。因此,考试的科学性、公平性以及透明度是当代教育评价中的关键课题之一,也是我国确保高校人才有效、有序选拔的重要机制。

　　上海市的英语教育基础极为扎实,长期以来注重对学生能力的培养,使其在实际生活情景中使用英语。同样,上海市在高考招生制度改革方面也始终走在前列。2014 年 9 月,国务院颁布《关于深化考试招生制度改革的实施意见》,明确了今后高考改革的方向。在此背景下,上海市教委在市委、市政府的领导下,出台了上海高考综合改革方案,着手对外语科目实行"一年两考"方案,注重对教学质量的检测,并在评价形式和内容上有较多思考和创新。

　　《高考英语效度研究——新时代的上海方案》一书即是在上海市率先实行外语科目"一年两考"背景下所开展的考试效度研究。本书基于社会-认知效度验证模型,研究了高考英语(上海卷)的考生特征、情景效度、认知效度、评分效度、效标关联效度以及后效效度等方面的内容,系统梳理了自 1985 年上海市开展高考自主命题以来直至 2017 年"一年两考"政策落地后高考英语(上海卷)所取得的成果和经验。

　　本书作者潘鸣威博士是上海外国语大学教授、博士生导师,是我国外语测试领域中的杰出青年学者;秦惠康老师是上海市嘉定区教育学院教研室主任。他们都以高考英语研究为切入口对上海市的英语教学和评价的发展倾注了大量心血。本书的成果不仅具有一定的理论价值和学术价值,也对上海市高考英语的科学性、公平性和透明度提升起到了富有意义的作用。此外,这一成果也对同类考试开展效度研究等提供了极具借鉴意义的研究范式,希望能为我国深化新时代教育评价改革,撬动教育高质量发展,提供可借鉴的经验和做法。

　　是为序。

中国教育学会副会长、上海市教育学会会长

前　言

　　高考英语作为我国外语考试项目中利害性最高的考试,效度研究的整体性和系统性始终是考试开发者应关切的主要问题。基于此,我们以社会-认知效度验证框架为主要参照,历时3年左右的时间系统研究了自新一轮高考招生制度改革以来高考英语(上海卷)的效度,通过多种渠道和方法为考试的效度举证。

　　本书共分为9章。第1章为"高考英语(上海卷)综述",回顾了高考英语(上海卷)的历史演变以及2017年新一轮高考招生制度改革后的最新发展,并对这些演变和发展加以评述。第2章为"高考英语(上海卷)效度研究框架",梳理了考试效度、效度验证和效度验证框架等概念,并着重介绍本书研究所运用的社会-认知效度验证框架的组成部分,即考生特征、情景效度、认知效度、评分效度、效标关联效度和后效效度。

　　第3章至第9章围绕社会-认知效度验证框架的组成部分,研究了高考英语(上海卷)的有关效度。第3章为"高考英语(上海卷)的考生特征",主要从考生生理因素特征、考生心理因素特征和考生经验因素特征阐述高考英语(上海卷)考生特征的共性和特殊性,并针对这些考生特征提出了较多切实有效的方案。第4章为"高考英语(上海卷)的情景效度",针对高考英语(上海卷)双向细目表、任务特征和考务保障等方面展开论述,说明高考英语(上海卷)在情景效度方面的证据。第5章为"高考英语(上海卷)的认知效度",专门报告了一项基于眼动跟踪实验的高考英语(上海卷)概要写作认知效度,提出概要写作阅读材料在体裁选择及其与考生能力之间交互的思考。第6章为"高考英语(上海卷)的评分效度",从书面产出任务的写作评分(概要写作和指导性写作评分标准、写作评分员行为等)以及口头产出任务的听说测试评分(评分标准、评分员行为等)详细说明了高考英语(上海卷)的评分效度。第7章和第8章均聚焦高考英语(上海卷)的效标关联效度。第7章从专家审查的视角出发分析了高考英语(上海卷)听说测试与《普通高中英语课程标准(2017年版)》和《中国英语能力等级量表》之间的契合度,并由此展望了高考英语(上海卷)听说测试今后的发展。第8章从标准设定的角度,通过实证研究的方式分析了高考英语(上海卷)阅读测试项目与《欧洲语言共同参考框架》和《中国英语能力等级量表》之间的对接结果,并对今后高考英语(上海卷)阅读测试以及与国际主流英语考试接轨提出了较多的思考和建议。第9章为"高考英语(上海卷)的后效效度",具体从高考英语(上海卷)"一年两考"方案和听说测试计入高考录取总分两个方面说明了变化前后对高中英语教学、英语学习乃至对整个社会层面的影响。

本书为解答高考英语"考什么""怎么考""怎么进行效度验证""考、教、学的关系如何"等重要问题提出了解答方案和基本思路,为我国其他省市在高考效度研究方面提供具有较强借鉴意义和高度可操作性与可复制性的上海经验。

本书是上海市曙光计划项目"社会认知视阈下上海高考英语效度研究"(项目号:19SG27)的最终成果,由上海市教育委员会和上海市教育发展基金会资助。本书还受到上海外国语大学青年教师科研创新团队"人工智能发展中的语言习得和语言测试前沿研究"项目和上海外国语大学高峰计划语言学研究团队重点项目的资助。作者衷心感谢中国教育学会副会长、上海市教育学会会长尹后庆先生拨冗为本书作序,以及上海外国语大学邹申教授、束定芳教授等专家学者对本书提出宝贵意见和建议。作者也向上海市教育考试院刘玉祥院长、章波副院长、徐雯老师,上海市敬业中学金怡校长等所提供的大力支持和协助表示敬意。最后,上海交通大学出版社臧燕阳编审及专业编辑团队为本书付梓出版付出了辛勤工作,在此一并致谢。

目　录

图 目 录

表 目 录

第1章 高考英语（上海卷）综述

自 1977 年我国恢复高考招生制度以来,高考在不同的社会发展时期不断地发挥着高等院校选才育才的工具作用。高考中的英语科目作为所有外语科目中最重要的语种,其地位随着社会历史背景的变迁也发生着一系列的改变。

党的十一届三中全会全面开启我国改革开放征程后的几年间,我国高考外语科目的变化主要体现在两大方面。第一,外语科目地位的变化。在 1977 年我国恢复高考招生制度后的首届高考中,外语科目并非必选项,也不计入录取总分,仅是报考高校外语相关专业的考生须加试外语科目。1979 年,报考全国重点高校的考生须参加外语科目考试,且外语成绩仅是以 10% 的折合分计入总分。自 1980 年起,所有高考考生均须参加外语科目考试,且计入总分的比例提升至 30%,而这一比例更是在 1982 年提升至 70%(1981 年提升至 50%)。由此可见,外语科目在我国高考中的地位逐步提高,这与我国改革开放后对外语人才的培养和需求不无关系。第二,外语科目的语种变化。由于历史原因,中华人民共和国建立初期的高考外语科目中,俄语是考生群体最庞大的语种。1977 年恢复高考招生制度后,外语科目的语种包括英语、俄语、法语、德语、日语、西班牙语和阿拉伯语共 7 种。但 1980 年起,我国高考外语科目中不再设立阿拉伯语的考试。由此至今,我国高考外语科目中共 6 个语种,即英语、俄语、法语、德语、日语和西班牙语。其中,随着我国改革开放和经济发展的不断深入推进,英语科目由于其国际沟通的重要地位,毫无疑问已成为考生人数最多的外语科目。由于地缘政治和经济合作等因素,日语科目是我国高考外语科目中人数次之的语种①。

为解决我国高等教育面临的全国各地经济、社会、文化等方面发展不平衡的

---

① 经不完全统计,自 2017 年高考外语(上海卷)改革以来,日语均次参考人数约 1000 余人,占上海市高考
外语科目总人数约 3%。

问题,并推行基础教育各学段的教育教学改革,高考分省市自主命题的探索提上了议事日程。当时的这种做法有利于各省、自治区和直辖市根据普通高中课程改革的推进程度实行新高考,有利于体现各地的特点,力求解决因地域差异和教育资源不平衡而可能带来的高考不公平等问题。由此,原国家教委(现教育部)于 1985 年授权上海市自主命制高考试卷,也由此开启了高考英语(上海卷)的三十余年的历史征途。自 2002 年开始,北京市和全国其他省市也开始不再使用全国统一卷,探索实行自主命题。2014 年,国务院发布《关于深化招生考试制度改革的实施意见》,明确上海市和浙江省探索实行高考外语科目一年两次考试制度,又一次启动了新一轮的高考改革,并于 2017 年全面落地实施。随后,由于各地自主命题工作中在试题质量、命题成本等方面相继暴露出一些问题,因而截至2022 年,具有完全自主命题权的仅为北京市、上海市和天津市,其余各地统一使用全国卷①。

由以上我国恢复高考招生制度后的历史回顾可见,考试具有极强的社会属性,既受到政治经济、社会文化和教育政策的影响,也在不同历史阶段中发挥重要的作用。其中,高考英语(上海卷)作为具有地方特色的自主命题试卷,也在不同的发展阶段完成了一定的历史使命,是一项在历史前沿不断发展和优化的高考必考科目。由此,本章将围绕高考英语(上海卷)的发展分为三个部分。第一部分从历时的角度回顾自 1985 年自主命题以来高考英语(上海卷)所经历的发展与变革,提取不同发展阶段中考试的根本依据和主要特征。第二部分将着重介绍并分析 2017 年以来高考英语(上海卷)的有关情况和最新发展。第三部分将在前两部分的基础上进行总结和反思,并对今后高考英语(上海卷)的发展方向提出一些思考和设想。

1.1　高考英语(上海卷)的历时回顾

高考英语(上海卷)开展自主命题三十余年来,在国家教育政策的实施推进以及地方课程教育改革的推动下,进行了多轮次的系列改革与探索。具体而言,高考英语(上海卷)基于国家课程教学政策和不同历史阶段的高考政策,参照外

---

① 全国卷的构成在不同历史阶段有所变化。2022 年全国卷的构成为全国甲卷(新课标 I 卷)、全国乙卷(新课标 II 卷)和全国丙卷(新课标 III 卷)。

语教学理论与实践和语言测试研究的最新成果,依据我国高等院校招生要求和普通高中英语教学的实际情况,不断调整并完善考试构念、考核目标和测试形式,稳步向科学化、规范化以及专业化的方向发展(潘鸣威,2016;徐欣幸,2006;郑方贤、徐雯,2019)。

就历时角度而言,高考英语(上海卷)的演变历程可归纳为以下四个阶段:起步摸索期、持续探索期、开拓创新期和成熟完善期。

1.1.1　起步摸索期

高考英语(上海卷)的第一阶段是自主命题的起步摸索期,始于1985年。这一阶段主要解决的是针对上海地区考生英语科目考查什么、怎么考查等重要问题。

改革开放后我国高考招生制度恢复初期,中学英语的教学内容主要是以英语语音、词汇和语法等为基础的语言知识,因此当时高考的主要测试目标也是考查学生对英语语言知识的掌握程度(徐欣幸,2006)。考查内容也主要围绕语言知识展开,侧重对语言形式的识记,但对语言的运用能力考查不足。如表1-1所示,以1985年高考英语(上海卷)为例,考试题型共有8项,分别为:①单词辨音和拼写,②词义配对,③词类转换,④动词填空,⑤语法选择,⑥改错,⑦综合填空,⑧阅读理解。前7项题型主要考查考生对英语语音、语法和词汇知识的掌握程度,分值比例占到全卷70%以上。

表1-1　1985年高考英语(上海卷)试卷结构

题型	题量	分值	考核能力
单词辨音和拼写	20	10	语音、词汇知识
词义配对	20	10	词汇知识
词类转换	10	10	
动词填空	10	10	语法知识
语法选择	20	20	
改错	10	10	
综合填空	15	15	语法知识阅读能力
阅读理解	15	15	阅读能力
总计	120	100	

　　此外,就具体的考试题型而言,测试方式主要侧重语言知识的识记,对语言综合运用能力和较为高阶的认知能力的考查几乎为零。以下试举几例。

　　【例1-1】单词辨音题:要求考生从一组单词中选出元音发音不同的一项。

　　　　lost　post　most　host

　　由例1-1可见,虽是考查学生的英语语音知识,特别是元音的发音,但这种测试方式从本质上而言属于间接测试(indirect testing)。这种测试方式无法收集学生能否正确发音的直接证据,因而无法判断学生是否能在英语口头产出中运用这方面的语音知识。但由于这一阶段高考英语(上海卷)尚未推行英语口语测试,因此就当时的社会历史和教学资源环境而言,这一题型具有一定的妥协性,并可从一定程度上测试学生的语音知识。

　　【例1-2】词类转换:要求考生用所给单词的适当形式填空。
　　He made his first _____ in public in 1980. (appear)

　　由例1-2可见,此项目测试考生对英语单词词性变化的语法知识。虽然有关语境比较有限,但仍需要考生结合句子的成分加以判断。具体而言,考生既需要掌握 appear 的名词形式,也需要结合句子结构判断,此空应填入名词作为谓语动词 made 的宾语。这一题型很大程度上受到结构主义的影响,中学英语教学中也比较重视英语在语言形式上的特征与规律。

　　【例1-3】改错:要求考生在识别错误的基础上给出正确的修改。
　　<u>Few</u> airports in the world <u>is</u> as modern as <u>that</u> of Atlanta.
　　(A)　　　　　　　　　　(B)　　　　　　　(C)　(D)
　　_____

　　由例1-3可见,考生需从四项中识别句中语法错误的位置,并修改相应的错误。从本质上而言,改错是写作能力的一种间接测试,不仅考查学生在语法正确性和词汇使用等方面的掌握程度,也考查学生在写作产出后进行编辑与校对的能力,因此这一题型对考生提出了较高的要求。然而,正是由于间接测试的本质,这种题型只能与直接写作测试形成一种互补关系,考查学生通过如回避策略等无法在直接测试中表现出来的语言能力。此外,对有些不典型的错误而言,考生不太可能在自身的写作中发生这类错误,这也对测试的真实性提出了较大的挑战。

通过以上高考英语(上海卷)第一阶段的考试结构和部分举例可见,受到当时语法翻译教学法、结构主义语言学以及结构主义-心理测量法的影响,这一阶段的高考英语(上海卷)呈现出三个方面的特征。第一,考试侧重考查英语语言知识,特别是语法知识和词汇知识为主的语言形式,但对语言实际运用的考查极为有限。第二,考试以离散式(discrete-point)试题为主,且间接测试的比重较大,对不同层面语言知识的考核分散在各类题型中,如对词性的考核专门通过词义配对这一题型来实现。第三,从测试形式而言,考试以多项选择题等客观题为主。这类题型有利于保证语言测试在评分环节上的稳定性、减少评分误差,便于在大规模考试中实施,但对试题质量的要求较高,且无法全面考查学生实际运用语言的能力(陈洁倩,2005)。但总体而言,在当时的历史背景下,高考英语(上海卷)基本完成了考查什么、通过何种方式来考查的重要任务。

1.1.2　持续探索期

在第一阶段实践和摸索的基础上,高考英语(上海卷)展开了持续探索,即考试发展的第二阶段。这一阶段与上海市基础教育课程改革第一阶段(1988 年至1997 年,简称"一期课改")有部分重合,以实施素质教育为理念,着重解决如何全面提高学生素质这个大问题,实现"两个改变,三个突破",即"改变升学-应试教育模式""改变统一化、单一化课程模式""突破加强基础与培养能力的矛盾""突破提高质量与减轻负担的矛盾"和"突破全面发展与个性发展的矛盾"。

在这些教育政策的驱动下,20 世纪 90 年代初,听说教学法(audiolingual method)、交际教学法(communicative approach)以及综合测试法(integrative approach)对当时的上海市中学英语教学和测试产生了深远影响。交际能力和有关理念强调语言的使用不仅要符合语法规则,也要符合交际中现实情境的需要(Hymes,1972),而听说教学法在心理学上仍属于行为主义(behaviorism),主张刺激-反应及增强理论,因此当时的中学英语教学虽逐步强调语境中交际的重要性,但在一定程度上仍受到行为主义的影响。因此,这一阶段的高考英语(上海卷)的考核目标也相应地调整为测试考生的英语知识、运用英语的综合能力以及语言交际能力(徐欣幸,2006)。

表 1-2 1994 年高考英语(上海卷)试卷结构

题型	题量	分值	考核能力
单词辨音	10	10	语音知识
词汇、语法和功能选择	20	20	语法、词汇知识
完形填空	30	30	阅读能力
单句理解	10	20	
阅读理解	20	40	
情景对话	5	10	语用知识
写作	1	20	写作能力
总计	96	150	

如表 1-2 所示,以 1994 年高考英语(上海卷)为例,考试题型共有 7 项,分别为:①单词辨音,②词汇、语法和功能选择,③完形填空①,④单句理解,⑤阅读理解,⑥情景对话,⑦写作。就试卷结构而言,这一阶段的试题明显减少了专门考查语法、词汇知识的题目,如删减了词义配对、词类转换等。同时,考查语法知识和词汇知识的选择题不再是纯粹对语言形式识记的考核,而增加了对语言功能的测试。另外,试卷增加了写作题型,阅读理解和完形填空的占比也有所上升,这些调整均强化了对考生语言运用能力的综合考核。全卷总分由原先的100 分提升至 150 分,与语文、数学等考试科目成绩保持一致。以下试举几例说明。

【例 1-4】单句理解:要求考生理解句子,并选择句意相近的表达。

Jane failed to come yesterday.

(A) Jane didn't succeed yesterday.

(B) Jane failed and didn't come yesterday.

(C) Jane didn't come yesterday.

---

① 本书不严格区分"完形填空"和"完型填空",均指 Cloze。为统一措辞,本书使用"完形填空"。

(D) Jane did come yesterday.

由例1-4可见，单句理解作为考查学生阅读理解能力的第二项，介于完形填空和阅读理解（语篇）之间，在难度梯度上凸显单句理解的重要意义。此外，该题也需要考生理解选项中的表述，考查了他们对同义转换（paraphrasing）的掌握程度。

【例1-5】情景对话：补全下列对话，要求语句通顺、意思连贯、符合情景。所写的句子必须与所给的标点符号一致。

A：The summer holidays are drawing near. ___1___ ?

B：I don't know. ___2___ yet. What about you?

A：I want to go to Beijing. I've been longing to go there.

B：I know. ___3___ ?

A：By train.

B：How long are you going to stay there?

A：At least two weeks. ___4___ , you know.

B：Right. Tian An Men Square，the Temple of Heaven，the Great Wall and so on. Well，___5___ .

A：Thank you. I will.

由例1-5可见，情景对话直接体现了交际教学法在语言测试中的应用。考生需结合对话中的情景，通过话轮切换过程中的信息差和英语日常会话中的常见沟通礼仪等知识，完成填空。然而，不难看出，这一题型也存在一些弊端。一是作为口语测试的间接测试方法，这种题型无法提供口语交际能力的直接证据；有关间接证据的收集也不够全面，如无法考查学生在话轮转换时所需用到的交际策略等。二是由于是填空题，命题者对考生作答的可控性要求也相应提高，不同版本的作答如何精准有效地评分成为这一大规模考试评分环节中的重要问题。

【例1-6】写作：根据提示的情景用英文写出一段通顺恰当的短文，约80-100词。不必根据中文逐字逐句翻译。

　　去年寒假我同父亲去乡下看望奶奶。我多年未回家乡,看到那儿发生了很大的变化。这次故乡之行使我学到了不少东西。我打算今后每两年回去一次。

　　由例1-6可见,第二阶段的高考英语(上海卷)对英语写作提出了新要求,也首次真正以"写作"为大题体现在试卷中,要求考生根据中文提示完成短文写作。但值得注意的是,虽然试题明确指出不必对提示文字逐字逐句翻译,在实际作答中,很多考生仍可能囿于所给的提示文字,按照翻译的思路答题,是对所提供的素材重整后的表述,而不是真正意义上的书面表达。尽管如此,写作测试题型的探索也为下一阶段的进一步创新起到了积极的指导作用。

　　总体而言,受到交际教学法、听说教学法和综合测试法等综合影响,语境在语言测试中的作用受到关注(Heaton,1991)。因而,高考英语(上海卷)的试题中多项选择题的比重不断减少,增加了综合型试题,如情景对话。作答情景对话题,考生需根据上下文补全对话,使对话语句通、意思连贯、符合情景。同时,这一时期的完形填空对于语法知识的测试点减少,侧重考查考生对语篇的理解和根据上下文情境推断的能力(陈洁倩,2005)。应该指出,高考英语(上海卷)这一阶段的发展不仅继承了第一阶段起步摸索期中的很多好做法,也对下一阶段如何进一步在语言能力测试和考试题型上有所突破和创新奠定了基础。

1.1.3　开拓创新期

　　沿着第二阶段的探索成果,高考英语(上海卷)在第三阶段的发展中在诸多方面得到了长足的进展和突破,进入开拓创新期。这与《普通高中英语课程标准》的颁布(中华人民共和国教育部,2003)以及上海市第二期课程改革(1997年至2007年,简称"二期课改")也有密切联系。上海市"二期课改"是基于"一期课改"后对教育现状的反思而实施的,因此在课程理念上实现了突破性变革,其主要特征为:①树立起课程是为学生提供学习经历并获得学习经验的观念;②以学生发展为本,构建体现时代特征和上海特点的课程体系;③以德育为核心,强化科学精神和人文精神的培养;④以学习方式的改变为突破口,重点培养学生的创新精神和实践能力;⑤加强课程的整合,促进课程各要素间的有机联系。

　　因此,高考英语(上海卷)进入开拓创新阶段后,更注重语言交际能力的考核,命题者对语言能力概念的认识发生深刻变化,改革力度大、新意强、成效足

(潘鸣威,2016)。高考英语(上海卷)的考核目标进一步突出语言能力的重要性,即测试考生的英语语言基础知识和语言运用能力,并侧重考核英语语言运用能力。

表1-3 2001年高考英语(上海卷)试卷结构

题型	题量	分值	考核能力
听力理解	20	30	听力能力
语法	20	20	语法知识
词汇	10	10	词汇知识
完形填空	20	20	阅读能力
阅读理解	15	30	
翻译	5	15	写作能力
写作	1	25	
总计	91	150	

如表1-3所示,以2001年高考英语(上海卷)为例,考试题型共有7项,分别为:①听力理解,②语法,③词汇,④完形填空,⑤阅读理解,⑥翻译,⑦写作。就试卷结构而言,这一阶段的试题新增了听力理解(2000年听力理解为试运转项目,不计入总分)和翻译(中译英)。由此,这一阶段在原有基础上拓展了语言能力的构念,特别是增加了听力能力的考核,并在分值上占到全卷的20%。此外,为进一步从语言产出的角度考查学生在词汇和句子结构方面的掌握程度,这一阶段的考试还增加了翻译试题,但在能力指向上仍归属写作能力,即不涉及显性的翻译能力(如省译、转译等)考核。以下试举几例说明。

【例1-7】听力理解短对话:要求考生识别或理解对话中的有关信息。

A. On August 5th.　　　　　　B. On August 6th.

C. On August 7th.　　　　　　D. On August 8th.

录音文字:

M:How long will we stay at the camp?

W:We'll stay there for one night. That means we will leave the camp on August 7th.

Q：When will the speakers arrive at the camp?

由例1-7可见,听力理解共包含三部分:短对话、长对话及短文。短对话题音频播放一遍,考生须根据每小节的听力内容回答1道试题;长对话和短文听力的篇幅较长,难度也相应提升,对考生听力理解的要求更高,但音频播放两遍。作为首次进入总分的听力理解项目,高考英语(上海卷)在难度把控上较为谨慎,以难度较低的短对话理解(仅是"一来一回"的单话轮对话)作为第一部分的考查项目。学生需要识别、提取并理解对话中的有关信息,并针对设问内容选出正确答案。由此可见,听力理解测试正式纳入高考英语(上海卷)的总分后,改变了以往通过语言功能试题(如单词辨音等)进行间接测试的形式,而是直接考核了考生的英语听力理解能力(徐欣幸,2002)。

【例1-8】阅读语篇(非连续文本):要求考生阅读实际学习生活中经常碰到的非连续文本后,在理解的基础上完成作答。

jaguar *n.* a type of large, yellow-colored cat with black markings found in the southwestern region of the U.S. and in Central and South America.

jargon 1 *n.* speech that doesn't make sense. 2 *n.* an unknown language that seems strange or impossible to understand. 3 *n.* a language made up of two or more other languages：*His jargon was a mixture of French and English.* 4 *n.* the special vocabulary of a field or profession：*Her report on computers was filled with jargon.*

jaunt 1 *n.* a trip taken for fun. 2 *v.* to go on a brief pleasant trip：*We jaunted to the country last Saturday.*

javelin 1 *n.* a spear most commonly used as a weapon or in hunting. 2 *n.* a light-weight metal or wooden spear that is thrown in track-and-field contests. 3 *n.* the contest in which a javelin is thrown. 4 *v.* to strike, as with a javelin.

Which meaning of the word **javelin** is used in the sentence below?

*At the competition, Jack drew his arm back and threw the **javelin** 50* *yards*.

    A. Definition 1.   B. Definition 2.

    C. Definition 3.   D. Definition 4.

由例 1-8 可见,第三阶段发展中的高考英语(上海卷)更注重在真实情景中理解和使用语言,在阅读理解语篇中要求考生通过阅读非连续文本(如词典释义、宣传广告等)来完成相关的阅读任务。这不仅比原先仅依靠连续文本来命制阅读理解前进了一大步,与当时的课程改革方向一致,也提升了语言测试中的真实性和交互性。随着非连续文本形式的不断拓宽,高考英语(上海卷)在之后的试卷中也加入了书评、影评、流程图等一系列样式,语料也均选自原版报纸、书刊或网络等媒体,题材涉及新闻报道、科普小品,贴近现实生活(徐欣幸,2002)。

【例 1-9】翻译:要求考生结合所提示的英文单词将句子译成英语。

(1) 我们将开展进一步的讨论,然后再作出最终结论。(before)

(2) 据说在那个湖底发现了一个古城的遗址。(discover)

由例 1-9 可见,第(1)句翻译要求考生运用 before 来连接两个句子,构成复杂句结构;第(2)句翻译则要求考生运用 discover 一词,并结合句意判断该词应使用主动还是被动的形式。因此,翻译题为一部分不适合通过选择题方式(如单句选择题)考查的语法和词汇知识项目提供了更多的考查机会,也可视为是写作直接测试的一种间接补充方式。一般而言,提示词为实词考查该词在语境中的具体用法,如为虚词则考查句子结构。此外,翻译题也为提升考生对中英文之间差异的敏感性以及切换不同语言的能力和意识起到了积极的指导作用。

【例 1-10】写作:根据中文提示写一篇不少于 120 个单词的作文。

请你谈谈轿车大量进入家庭后,对家庭、环境和经济可能产生的影响。

由例 1-10 可见,写作部分的话题贴近考生的日常生活,与《普通高中英语课程标准》(中华人民共和国教育部,2003)的有关要求吻合,但基本属于议论文的写作范畴。与例 1-6 相比,第三阶段发展中的高考英语(上海卷)解决了原先考生可直接借助中文提示进行翻译的问题,要求考生通过论述的方式用自己的语言具体说明社会现象及其成因等。这种直接写作测试很大程度上可以检测考生的英语写作能力,但囿于体裁通常是议论文,考生往往在英语写作中对记叙文和说明文等其他体裁的重视程度较低。

此外,2001 年起高考英语(上海卷)以计算机化考试的方式探索施行口语测试。高考英语(上海卷)口试在 2001 年前为考生与考官面对面交流,但由于考生人数庞大、考官资源有限、考务工作的受限因素众多,面对面的访谈式口试已无法满足考生的需求(潘鸣威,2016)。因此,2001 年开始,高考英语(上海卷)着手尝试人机对话的口语测试形式,考试结果以等第方式报告,但不计入总分,仅供外语类专业或涉外专业录取时作为参考依据。这一考试模式的重大调整实现了大规模的高考英语(上海卷)口试(徐欣幸、沈本良,2011)。但由于这一成绩不计入总分,仅作为招生的参照性依据,因此对高中英语口语教学的反拨作用较为有限。这一局面直到 2017 年高考招生制度发生新一轮改革后才得到新的突破,见本书后文详述。

综合分析高考英语(上海卷)第三阶段的发展,不难看出考试不仅初步实现了对听、说、读、写各项语言能力的全面考查,也凸显了对英语语言运用能力的重点考核,测量语言实际运用能力的题型占全卷的比重达到 80%。因此,这一阶段的发展具有较强的开拓性和创新性,比以往较多关注语言知识迈进了一大步。值得注意的是,受到交际测试法的深入影响,为检测"二期课改"的综合成效,高考英语(上海卷)也更加注重测试的真实性和交互性。

1.1.4　成熟完善期

第四阶段是高考英语(上海卷)成熟完善期。2014 年,《国务院关于深化考试招生制度改革的实施意见》(国发【2014】35 号)出台,上海市政府随后发布《上海市深化高等学校考试招生综合改革实施方案》,明确提出 2017 年高考英语(上海卷)开始实行一年两次考试,考试包括笔试和听说测试。由此,高考英语(上海卷)不仅在组织形式上发生重大改变,也在考试构念、试卷结构和测试方式等方面作出相应调整。

在这一阶段的发展中,高考英语(上海卷)以交际语言能力模型(Bachman,1990;Bachman & Palmer,1996)为理论基础,对英语语言知识和语言运用能力各维度进行全面考核,强调测试的整体性、系统性和真实性(徐雯,2016)。从考试内容分析,成熟完善期的高考英语(上海卷)有两大亮点。一是口语考试正式改名为"听说测试",并以 10 分计入高考英语成绩,这不仅增加了对"说"这一能力的考核,也强化了整卷对于产出性语言技能的综合考查力度。值得注意的是,口语试题形式多样,除了对口语表达能力的单维考核,还采用听说结合的题型,考查了综合语言运用能力。二是增加了概要写作这一读写综合试题。依据《普通高中英语课程标准(2017 年版)》(中华人民共和国教育部,2018)的有关规定,读写结合(主要是概要写作和读后续写)是高考英语科目的新建议题型。这不仅对考生的阅读概括能力提出了新要求,也从一个侧面考查了学生基于阅读材料的书面表达能力。

表 1 - 4　2017 年高考英语(上海卷)试卷结构

题型		题量	分值	考核能力
听力理解	短对话	20	25	听力能力
	短文或长对话			
语言知识	语法	10	10	语法知识
	词汇	10	10	词汇知识
完形填空		15	15	阅读能力
语篇阅读理解		15	30	
概要写作		1	10	读写能力
翻译		4	15	写作能力
写作		1	25	
听说测试	朗读句子	2	10	口语能力
	朗读短文	1		
	情景提问	2		
	看图说话	1		
	快速应答	4		
	听短文回答问题	2		
总计		88	150	

如表 1 - 4 所示,以 2017 年高考英语(上海卷)为例,考试共分为笔试和听说测试两场。笔试题型共有 7 项,分别为:①听力理解,②语言知识,③完形填空,④语篇阅读理解(包含连续性文本、非连续性文本和选句填空),⑤概要写作,

⑥翻译,⑦写作,满分为 140 分。听说测试的题型共有 6 项,分别为:①朗读句子,②朗读短文,③情景提问,④看图说话,⑤快速应答,⑥听短文回答问题,满分为 10 分。以下试举几例说明。

【例 1-11】听说测试(快速应答):要求考生按照听到的内容快速应答。

- What was it like growing up in the big cities like Shanghai?
- I'd like to attend Prof. Copper's lecture on literature. Where is it?

由例 1-11 可见,考生需要在模拟日常交流的情景中对所听到的问题作答,且在听到问题和作答之间几乎没有任何多余的思考时间。在作答时,一方面需要考生结合自身的知识贮备完成作答,另一方面则需要考生也运用相关的语用知识。因此,这一题型对考查考生在具体情景下的应答能力有较好作用。然而,由于日常交流往往伴随话轮转换和意义商讨,而非机械的"一问一答"或是"仅答不问",因此这种题型的缺陷也是显而易见的。

【例 1-12】听说测试(听短文回答问题):要求考生听一段短文后回答两个问题。其中第 1 题基于短文内容提问,第 2 题则为开放性试题。考生需要至少用 3 句话发表自己的意见或观点。

Listen to the following passage about how you can feel less busy.

When you are rushed, it seems reasonable to save your minutes, saving as many of them as possible. Yet research on the experience of time suggests we've got things back-to-front: a better way to gain a sense that you have enough time is to give some time away, for example through volunteering. The researchers have explained that this curious effect may be: when you successfully do something useful, you will be ensured of your ability, making you more confident about the chances of getting more useful things done in future.

Another way to feel less busy is to slow down no matter how wrong that feels. When we are busy with the to-do list, we need to cultivate patience. That may be part of the solution. Usually, we feel with a bit more speed we could stay in control and so we become unwilling to bear the discomfort of slowing down. But you may end up getting more done if you try to slow down. Experiment with doing nothing at all for 10 minutes between tasks. In fact, the harder that feels, the more you may need it.

Questions:

1. What are the two ways to make you feel less busy?

2. Do you have any ways to save time? Explain one of them.

由例 1 - 12 可见,这一题型对考生的听说能力提出了更高要求,试题本身具有较强的综合性和交互性。操作层面上,考生在指令语的引子中会听到关于短文的主题内容,并且有听两遍的机会。第 1 个问题要求考生在理解短文的基础上找到两处信息点作答(两处信息的正确性和完整性也是主要评分维度);第 2 个问题则需要基于短文的话题(此例中是对时间的认识和管理)开展自己的论述。但由于考试指令语中对第 2 个问题的作答篇幅是不少于 3 句话,因此这 1 题往往无法有效区分部分水平段,特别是中水平和高水平考生群体之间的差异。

【例 1 - 13】语篇阅读理解(选句填空):要求考生根据上下文从 6 个句子中选择合适的 4 句分别填入短文的空格中,使语义连贯、文章结构完整。

A. Interpreted theatre has long been neglected without taking the issue of their access into consideration.

B. The "shadowed" style of interpreting is the most inclusive style of interpreting for the theatre.

C. This is the thinking behind the Americans with Disabilities Act, which requires that theatres become accessible to deaf people.

D. Interpreters move about in order not to block the audience's view.

E. Interpreted theatre, therefore, is an art in itself.

F. Here, interpreters are placed side-by-side within the acting space.

Interpreted Theatres

Deaf people should enjoy a play as much as the hearing audience.

___1___ Theatre producers, on the other hand, are beginning to realise that theatre interpretation makes their product attractive to a wider audience—with considerable financial rewards.

The most important technical aspect of theatre interpretation for the deaf is the location of the interpreter. Placement strategies can be categorized into three styles: " placed ", " zoned ", and finally, "shadowed".

The "placed" style of interpretation, where interpreters are located outside the acting space and do not move, is by far the most common. The interpreters are side-by-side and face the audience. The location of the interpreter is generally in one of three places: stage right or stage left, or on the floor of the house.

The "zoned" style of interpreter placement is a happy medium between the "placed" and "shadowed" styles. __2__ Usually, they change position on stage from scene to scene—or from act to act—in order to be within the same "zone" as the majority of the action. Zone placement makes it easier for the deaf audience to see the interpreters and actors at the same time.

__3__ It involves placing the interpreters directly within the action—nearly making them "sign language actors". The interpreters are "blocked" into each scene, and shadow the actors. The advantage of this is clear: the interpreter is so close to the actor that the deaf audience need not make a decision about whom to watch—he or she can watch both at the same time. In the best of cases, the deaf audience mentally mix the interpreter with the actor, and forget that the actor does not sign.

Theatre interpreters for the deaf are dedicated professionals who take great pride in their work. "Theatre", says Ian, who works for SeeTheatre, a Chicago-based association for interpreters, "is the art of communicating beautiful ideas in interesting ways. __4__ Thankfully, instead of seeing us as 'additions', producers nowadays think of interpreters for the deaf as a new avenue to creativity."

由例 1－13 可见,这一题型主要从交际能力模型中有关篇章知识的角度考查考生把握文章行文逻辑的能力。具体而言,考查的重点不仅涉及句子之间和段落之间衔接连贯知识,也涉及对部分代词的理解能力以及段落或片段的主旨概括能力。因此,这一题型可以很大程度上弥补阅读理解中往往存在衔接连贯知识缺位的问题。

【例 1－14】概要写作:要求考生在阅读一篇约 300 个单词的文章后,尽可能用自己的语言在 60 个单词内概述文章的核心观点和要点。

Learning by Rote in the Digital Age

Rote learning has become seen as an outdated method of teaching. The dictionary defines learning "by rote" as: "from memory, without thought of the meaning; in a mechanical way".

The decline of rote learning has been quickened by technology. No one needs to memorize friends' phone numbers or email addresses because such data is conveniently stored and accessible electronically. And why remember when and where World War II broke out when you can find the answer on the Internet in about 6 seconds? But now there are voices for a need to rote learning.

In fact, memorizing key data is essential to learning any skill. Doctoring requires knowledge of medicine and lawyering requires knowledge of cases and laws. Of course, being able to recall things will not further your understanding of those things, but without memorizing these foundation elements, you cannot progress to a deeper understanding of a subject.

While the Internet and computers have weakened the need for us to remember things, it may well be that mobile learning can help bring this style of learning back to life by making it more convenient and more fun.

Drilling yourself—with flashcards or by repetition—is usually hard and boring work, which is why most people need their multiplication tables to be drilled into them by teachers or parents. Rote learning without a willing third party can be a battle of discipline and motivation. But mobile learning can make those flashcards and drills more appropriate to individual study; our digital devices can challenge and inform us at the same time and also keep us motivated, whether through game-like structures or recording our progress.

Once you've acquired the essentials of a subject by rote learning, you will find it easier to go deeper in the application of knowledge which is important.

由例 1 - 14 可见,概要写作对阅读和写作两种语言能力进行综合考核。作答这类题时,考生先读后写,基于阅读材料概括有关要点。因此,考生重述原文的过程也是对原文意义重新构建的过程,与原作者形成了意义的协商和共建(吕生禄,2017),体现了该测试任务的高度交互性。然而,由于本质上概要写作仍是书面作答,因此对评分提出了较高的要求。这方面的详细内容见本书第五章的有关介绍。

总体而言,第四阶段的高考英语(上海卷)逐渐趋于完善。就考试的试题结构而言,听、说、读、写及语言知识(语法知识和词汇知识)各项题型所占比例分布较为均衡,反映出考试对语言知识和能力的全面考查。这也说明,通过 30 余年的探索和实践,高考英语(上海卷)已逐步走向成熟发展的时期,凸显较强的综合性、交互性和应用性,切实做到有利于考查考生的英语语言运用能力,有利于为高校科学选拔合格的人才,并在一定程度上发挥着考试育人的功能。

1.2　高考英语(上海卷)的最新发展

如上节所述,自 2017 年新一轮高考招生制度改革正式实施后,高考英语(上海卷)在组织形式、考试构念和试题形式等多方面发生了重大调整,本节将进一步深入阐述这些最新发展的主要依据和实践结果,主要从高考英语(上海卷)的题库建设与题型调整两个方面展开。

1.2.1　高考英语(上海卷)的题库建设

在新一轮高考招生制度改革中,外语科目的"一年两考"考核形式对高考英语(上海卷)的命题方式提出了新要求。根据改革方案,自 2017 年起,高考英语(上海卷)每年 1 月和 6 月各开展一次考试①,取考生较高的一次分数计入高考录取成绩,且考生可自愿参加任何一次考试,或两次考试均参加(考生选定语种为英语后,不得改换参加其他外语语种的考试)。因此,"一年两考"对高考英语(上海卷)的命题方式提出了三方面的挑战。其一,在命题工作增多的情况下,如何保证高考英语(上海卷)命题工作的可持续性? 其二,高考英语(上海卷)在同一年内的两次考试具有高度的可比性和稳定性,如何实现分数所解释的语言能力基本等同? 其三,两次考试之间存在约 5 个月的时间差,如何既考虑考生在此段时间中可能发生的语言能力提升,又精准调和两次考试的难度和区分度?

基于此,高考英语(上海卷)在"一年两考"的实施上探索较多新的做法,并借鉴国际上主流英语考试的通行办法,建立了以标准化英语高考题库为基础的入闱命题工作机制,自主开发了题库数据系统和组卷系统,供入闱命题时按需组卷(郑方贤、徐雯,2019)。

国际上的英语能力水平考试,如托福(TOEFL iBT)、雅思(IELTS)等都是以题库作为命题依据。我国的大学英语四、六级考试亦是如此。作为世界上最大的非营利性教育考试和评估机构之一,美国教育考试服务中心(Educational Testing Service)对题库的一般定义是具备教育测量学参数、可依据不同需求和难度特征等进行组卷的单题集合。可见这个定义里面至少包含三层重要的内容:一是题库组成的个体是每道题目;二是每题背后有大量的教学测量学参数(如难度、区分度、猜测度、项目特征曲线等);三是题目之间可以通过一定的方式组卷,但组卷本身并非人为,而是系统根据单题背后的大量信息在优选论的基础上进行组合的(潘鸣威,2017)。因此,高考英语(上海卷)在题库建设上也基本遵循着这些原则,在程序上主要通过征题—磨题—试测—分析—精修—入库等环节逐步完成题库建设,并形成题库优化的长效机制。

首先,征题和磨题,这是保障高质量题库建设的物料环节。为保证题库试题的质量,上海市教育考试院采取了诸多措施(徐雯,2019),如编制详尽的征题细则,明确各题型的文本长度、难度、题材和体裁等指标的范围及试题测量的能力目标。又如,建立专业素养扎实的命题队伍,建立健全专门的常态化培训机制,深化命题专家对高考英语(上海卷)命题标准和评分标准的统一认识。再如,邀

① 受到新冠肺炎疫情影响,高考英语(上海卷)在 2020 年和 2022 年的第二次考试均安排于 7 月举行。

请具有大规模高利害考试命题经验的语言测试专家审读并修改试题,提升试题质量和内容导向。可以说,通常一道试题从征题开始到磨题结束,至少要经历几十轮以上的审读、修改和打磨。

专家对试题的审读也有严格的工作标准和流程,主要考虑因素包括以下六个方面。第一,素材文本的体裁与题材是否契合高考英语(上海卷)的考核范围和目的,是否从一定意义上可起到考试育人的功能。第二,素材文本词汇的难度是否符合高考英语(上海卷)的有关要求,与有关课程标准的契合度如何等。第三,素材文本中是否存在偏颇的内容(如令部分考生感到不适的内容,或是由于不同的内容熟悉程度会对城郊考生产生不公平等)。第四,素材文本所考查的知识或能力目标分布是否均匀合理,是否与课程标准的要求吻合。第五,试题是否有效考查了高考英语(上海卷)考试说明(详见附录)中既定的语言知识或语言能力目标。第六,试题设计是否恰当,排版是否友好,试题质量是否达标,等等。

随后,试题试测(piloting)是赋予题库试题教育测量参数的实操环节。高考英语(上海卷)的试测主要选取与该考试考生目标群体基本吻合的高中生群体,且通过一定的工作机制保障学生能认真作答。高考英语(上海卷)标准化题库主要依据试测数据在项目反应理论(Item Response Theory)基础上所获得的教育测量参数数值选择优质的试题入库,并据此修改质量不高的试题。项目反应理论根据考生潜在的特质(即能力)和测试任务的特征,描述考生对测试任务的反应(即作答情况),构成项目特征曲线(戴海琦,2006)。项目特征曲线是对考生某项目正确作答概率与其能力之间的函数关系建立的模型,包括单参数 logistic 模型(难度)、双参数 logistic 模型(难度、区分度)和三参数 logistic 模型(难度、区分度、猜测度),以适应对不同项目的分析(俞晓琳,1998)。

与经典测试理论(Classic Test Theory)不同,项目反应理论的优势在于试测结果独立于试测群体的水平高低,即不会因为某一次试测群体水平普遍比目标考生群体高而造成结果畸高。这是因为项目反应理论所采用的项目参数(难度、区分度、猜测度等)不受被检测的考生样本变化的影响,另外,对考生能力的估计也不需通过相同的测试项目实现(辛涛,2005)。该理论的这些特征为大规模题库建设提供了条件。在基于项目反应理论的标准化题库建设过程中,通过在不同试卷中设置部分相同试题(通常称为锚题),对不同试卷的项目参数系统建立关系,以实现不同参数系统之间的转换,进而实现所有入库试题参数系统的统一,为组成具有可比性的试卷提供重要前提。

最后,精修与入库,这是每一轮题库建设和更新的最后环节。命题专家根据收集到的试测数据再次审读、调整有质量问题的试题。具体而言,试题入库前还须经过数据分析,这主要包括四方面。第一,所有试题须进行功能差异分析(differential item functioning),检测试题是否存在对不同群体的偏颇现象。第二,试题(主要是以语篇为单位的试题)潜在因子分析及试题局部依赖性分析,检验试题是否符合项目反应理论的单维(unidimensionality)假设及试题独立性假设。第三,运用经典测试理论再次计算试题难度和区分度,对所有试题质量开展三角论证。第四,运用项目反应理论对试题难度、区分度、猜测度等参数进行估算,并进行参数校准,确保入库试题之间的参数具有可比性。

基于以上流程,上海市教育考试院自主研发了包含项目参数标注的题库数据系统和组卷系统。专家在入闱命题时运用组卷系统,依照预设的试卷设计要求和相关考试要求,从标准化题库中选取合适的题目组成试卷,完成试题的命制及组卷工作(郑方贤、徐雯,2019),但部分主观题项目(如概要写作、翻译等)仍以入闱命题集体研讨为主要工作方式。

1.2.2　高考英语(上海卷)的题型调整

如上文所述,高考英语(上海卷)自 2017 年实行"一年两考"高考招生制度改革起进行了题型调整。这主要表现在:删减听力填空题和阅读简答题,新增概要写作,听说测试成绩计入总分。以下分别从这三个方面阐述题型调整的主要依据。

1. 删减听力填空题和阅读简答题

就听力填空题而言,由例 1 - 15 可见,考生须在表格左栏的设问引导下,补全作答,并往往使用听力材料中所涉及的原词。但这一题型的不足之处也是显而易见的。其一,学生在听的过程中往往只需要关注听力材料的局部内容(如例 1 - 15 表格右栏中涉及的具体信息),因而该题对于听力材料文本整体内容的考查较为有限,命制难度也较高。其二,由于须考虑答案的多样性可能对评分一致性和评分工作量造成的较大压力,因此命题者往往在限定答案的同时也在一定程度上限制了考生作答的自由度。此外,根据上海市教育考试院的数据分析,这一大题与非听力部分(如翻译)的相关系数显著高于其与听力部分其他试题的相关系数。这就说明,听力填空题所考核的语言能力可在很大程度上由别的考试项目解释,语言能力考查指向的重合度较高。

【例 1-15】听力填空:要求考生在听完短文两遍后填空,每空不超过 3 个单词。

What is critical thinking in reading?	Assessing the writer's ideas and thinking about the _____ of what the writer is saying.
What is the first step in reading an academic text critically?	Finding out the argument and the writer's main line of _____.
What may serve as the evidence?	_____, survey results, examples, etc.
What is the key to critical thinking?	To read actively and _____.

此外,上海市教育考试院也召开了多场教师和学生的座谈会,通过补充收集质性数据的方式来完成多角度的证据收集。座谈数据进一步证实了以上问题。一线教师与学生普遍反映,这一题型更多地考查了考生听写单词或短语的能力,而非听懂或处理加工文本内容的能力。基于此,高考英语(上海卷)在 2017 年题型调整中删去了此题型。

【例 1-16】阅读理解简答题:要求考生在阅读文章后回答问题或补全句子,作答不超过 10 个单词。

More and more corporations are taking an interest in corporate social responsibility (CSR). CSR is made up of three broad layers. The most basic is traditional corporate charity work. Companies typically spend about 1% of pre-tax profits on worthy projects. But many feel that simply writing cheques to charities is no longer enough. In some companies, shareholders want to know that their money is being put to good use, and employees want to be actively involved in good works.

Money alone is not the answer when companies come under attack for their behavior. Hence the second layer of CSR, which is a branch of risk management. Starting in the 1980s, with environmental disasters such as the explosion at Bhopal and Exxon Valdez oil spill, industry after industry has suffered blows to its reputation.

So, companies often responded by trying to manage the risks. They talk to non-governmental organizations（NGOs）and to governments, create codes of conduct and devote themselves to more transparency in their operations. Increasingly, too, they, along with their competitors, set common rules to spread risks.

All this is largely defensive, but there are also opportunities for those that get ahead of the game. The emphasis on opportunity is the third layer of CSR: the idea that it can help to create value. If approached in a strategic way, CSR could become part of a company's competitive advantage. That is just the sort of thing chief executives like to hear. The idea of "doing well by doing good" has become popular.

Nevertheless, the business of trying to be good is bringing difficult questions to executives. Can you measure CSR performance? Should you be cooperating with NGOs and with your competitors? Is there any really competitive advantage to be had from green strategy?

Corporate social responsibility is now seen as a mainstream. Big companies want to tell the world about their good citizenship with their devotion to social responsibilities. Done badly, CSR is often just window-dressing and can be positively harmful. Done well, though, it is not some separate activity that companies do on the side, a corner of corporate life reserved for virtue: it is just **good business**.

1. Both _____ in some companies find it no longer enough to simply donate money to charities.

2. Give one example of the defensive measures of risk management according to the passage.

3. With the emphasis on opportunity, the third layer of CSR is meant to _____.

4. According to the passage, **"good business"**（paragraph 6）means that corporations _____ while making profits.

无独有偶,阅读简答题亦是如此。由例 1－16 可见,考生在此项题型的作答过程中,很大程度上无须从整体上把握文章的主旨大意,仍是从设问的关键词或信号词作为线索(如例 1 - 16 中的第 3 题 the third layer of CSR),进而仔细阅读有关的文章内容。这种阅读方式与命题者本身的预设作答方式存在一定偏差,即从语言测试认知效度的角度而言,试题的认知效度不够理想。

同样,在一线教师和高中学生的座谈会上,教师和学生反映,阅读简答题的设计初衷是为与考生从读到写的认知过程相匹配,但从其实际所归属的能力目标与评分标准看,集中考查的是考生读的能力,而非写的能力,特别是在阅读理解基础上组织文字的能力。由此,高考英语(上海卷)在 2017 年题型调整中删去了此题型。

2. 新增概要写作

如上文所述,阅读简答题无法有效实现考生从读到写的认知过程。因此,在 2017 年的题型调整中,基于语言测试能力指向的整体性以及真实场景下语言使用的多维性,高考英语(上海卷)增加了概要写作的新题型。由于这一题型对教师和学生而言均极为陌生,因此上海市教育考试院在确定此项题型前先后开展了三轮试测和相关调研工作。

第一轮中,通过命题专家精心挑选和打磨,试测了一篇长度约 400 个单词(阅读指数 Flesch-Kincaid Grade Level 为 11.8)的说明文。试测考生来源为上海市某区三所不同水平的高中(分别为市示范实验性高中、区示范实验性高中和一般普通高中)。考生须在阅读的基础上写一篇 80 个单词以内的概要。由试测的作答数据可知:①高水平段学生可通过该试题得到有效的能力区分,但中、低水平段学生的差异不显著;②400 个单词篇幅的概要写作无需 80 个单词即可完成;③学生在再现文章要点的过程中,转述能力普遍不高,且存在写作方面的诸多问题。

第二轮进一步探索该题型在阅读文本的体裁和篇幅以及概要篇幅等方面的可改进之处。命题专家分别试测了议论文、说明文和记叙文各 1 篇,篇幅介于 280 - 320 单词之间(阅读指数 Flesch-Kincaid Grade Level 介于 10 - 11 之间)。试测考生来源为上海市另一区三所不同水平的高中(分别为市示范实验性高中、区示范实验性高中和一般高中)。与第一轮试测不同的是,不同水平高中的学生中,部分学生写一篇 80 个单词以内的概要,而另一部分学生写一篇 50 个单词以内的概要。由试测的作答数据可知:①学生对议论文和说明文的概要写作要显著优于记叙文的概要写作质量;②不同水平段的学生在同一体裁的概要写作中可得到有效区分;③限定 50 个单词的概要写作往往难度更高,且与文本的体裁可能存在交互效应。基于此，命题专家初步设定让考生在阅读 300 个单词的文本基础上，使用 60 个以内的单词完成概要写作。

第三轮进一步论证第二轮的初步结论和题型测试方案。命题专家选取未在前两轮参与试测的上海市其他三个区中共 9 所不同水平的高中（市示范实验性高中、区示范实验性高中和一般高中各 3 所），选用第二轮的试测文章再次让学生在阅读的基础上完成一篇 60 个单词以内的概要。试测作答数据和调研访谈数据均显示，由第二轮测试结果得到的题型测试方案较好，作答数据在教育测量学统计值方面较为理想，考生回溯性访谈也表明作答认知过程基本符合命题者的预设过程。由此，概要写作题型正式进入高考英语（上海卷）。

3. 听说测试成绩计入总分

"说"作为重要的产出性语言能力之一，在语言能力考查上的重要性可见一斑。20 世纪 90 年代中期，上海开始实施高考英语（上海卷）口试，采用考官与考生面试的方式完成。起初仅有少数报考外语专业或涉外专业的考生参加，口试成绩也仅作为录取的参考依据。但随着口试考生数量的增加，考务的压力巨大。2000 年开始，高考英语（上海卷）采用人机对话的考核方式开展口语考试，解决了当时考生规模大幅扩大的问题。然而，高考英语（上海卷）的口试成绩仍未计入总分，仅作为录取参照依据（徐欣幸、沈本良，2011）。在新一轮高考招生制度改革的背景下，借助现代教育科技的迅猛发展和人工智能技术的不断完善，上海市率先从 2017 年开始将原有仅以等第形式报告的听说测试成绩正式计入高考英语总分，首次实现真正意义上对考生英语语言能力的全面考查。

以下分别从高考英语（上海卷）听说测试的技术保障、考查目标及任务形式、试题命制、评分标准以及阅卷流程等五个方面阐述。

1）听说测试的技术保障

为实施高考英语（上海卷）听说测试，并从硬件同质性等方面保证考试的公平性，上海市各高中建设了约 250 个标准化听说考试考场。这些标准化考场设施完备、功能齐全，能够确保考试各个环节公平、顺利地开展。另外，为方便考生熟悉人机对话的计算机化口语测试形式，上海市教育考试院开发了在线听说测试模拟系统，并免费供报名参加当年英语高考的考生使用，该系统还可生成测评报告，为考生提供一定的参考意见（徐雯，2019）。

2）听说测试的考查目标及任务形式

高考英语（上海卷）听说测试的理论依据是巴赫曼和帕尔默（Bachman &

Palmer，2010)的目标语言使用领域(target language use domain)理论。这一理论强调测试所考查的语言能力应当与考生实际语言运用场景一致，且一致性越强，对语言能力的推断就越准确，测试的效度也越高。基于这一理论，参照高等院校的人才选拔要求、《普通高中英语课程标准(2017 年版)》(中华人民共和国教育部，2018)以及高考改革方案设计时上海高中实施的课程标准《上海市中小学英语课程标准(征求意见稿)》(上海市教育委员会，2004)，高考英语(上海卷)确立了听说测试的能力考查目标和具体任务形式。其中，能力考查共包括五项考核目标：

- 能运用所学的语音知识和朗读技能，用正确的语音和语调朗读句子和文章；
- 能运用所学的语言意念、功能，根据情景要求进行询问以获得所需的信息；
- 能对人物或事件进行口头描述、解释或评述；
- 能听懂日常会话用语，并对此做出应答；
- 能根据所听材料内容回答问题，并表达个人的观点、感受或作出评论。

针对以上听说测试的能力目标，听说测试设置了"说"和"听说"两大部分，共六个题型(具体题量和分值参见表 1-4)，"朗读句子"和"朗读短文"对应第一项考查目标，"情景提问""看图说话""快速应答"和"听短文回答问题"分别对应后四项考核的能力目标。朗读、看图说话等任务主要考查学生单维的口头表达能力，而快速应答和听短文回答问题则实现了对听说能力的综合考核。这些题型符合现实语言使用场景中常见的两种情况，即考生独立表达个人观点和与他人交流、交际(徐雯，2021)。

3) 听说测试的试题命制

如上文所述，高考英语(上海卷)听说测试的施考对试题命制提出了特殊要求。特别值得指出的是，受设备条件的限制，计算机化的高考英语(上海卷)听说测试需分批次进行。因此，为确保考试的公平性，避免先考的考生泄露试题信息，听说测试采取多套平行卷的命题模式。对于平行卷的可比性问题，通常采用两种解决方案。一是建立基于项目反应理论的标准化题库，即通过前测收集试题数据，对试题参数进行校准，形成具有可比性试题的题库，并选取各项参数符合预期目标的试题组成试卷。二是在考后对考生成绩进行等值化处理，并汇报处理后的分数(郑方贤、徐雯，2019)。因高考英语(上海卷)的保密要求，无法实现对前测数据的直接收集。此外，由于高考英语(上海卷)原则上须报告卷面原始成绩，因此以上两种方案均无法适用于高考英语(上海卷)听说测试的命制工作中。但为尽力实现不同试卷的可比性,命题者在命题环节中尽可能采取多种举措保证试题的可比性(徐雯,2021)。具体措施主要集中在三个方面。

第一,针对不同题块(题型)制定详尽的命题细则,保证同一题块中的试题在关键指标(如文本难度指数、篇幅等)上基本一致,便于组卷时从题块中选取具有一定可比性的试题。比如,"朗读句子"的命题细则中严格规范了不同试卷中句子词数、句中单词的平均字母数、句子平均音节数和符合发音规则的生词出现的位置四项指标。

第二,命题专家分组对不同题块(题型)开展命题工作。"说"和"听说"两个题块中的命题工作由两组专家分别完成。这种分工机制有利于专家更专注、更精准地把握命题细则,也有助于增强同一题块试题命制的一致性。

第三,设置供组卷使用的试题量化参数。在无法利用前测获取试题难度、区分度等教育测量学参数的情况下,将定性指标量化为参数,供组卷时参考。如专家组给听说测试中所涉及的话题的熟悉程度按照五级里克特量表的方式评分等。

4)听说测试的评分标准

高考英语(上海卷)听说测试各部分采用整体评分法,每类题型的具体评分维度与相应的考核能力相匹配。具体考核题型可参见第 5 章的有关内容。

如表 1-5 所示,每个题型的评分标准在侧重点上略有不同。比如,朗读项目的评分主要从考生的发音和朗读技巧等维度展开,如如何运用自然拼读法准确读出生词的规则发音。又如,看图说话的评分不仅涉及表述的连贯性和语言的精准性,也考查考生再现图片中有关重要信息的能力,如一则小故事的情节发展。

表 1-5 高考英语(上海卷)听说测试各题型评分维度

题型	评分维度
朗读(句子及短文)	发音、朗读技能(流利、语音语调、重读、停顿等)
情景提问	与情景的适切度、语言的准确性
看图说话	与图片的吻合度、表述的连贯性、语言的精确性
快速应答	与提问的适切度、功能意念的准确性
听短文回答问题 1	内容的准确性、语言的精确性
听短文回答问题 2	内容的适切度、表述的连贯性、语言的精确性

此外,出于评分效率的考虑,虽然评分员须考虑的评分维度不止一项,但在实际评分中仍以整体评分法给学生的听说测试表现评分。

5) 听说测试的阅卷流程

高考英语(上海卷)听说测试的阅卷工作采用人工阅卷和计算机智能阅卷相结合的方式(徐雯,2021)。这种阅卷模式充分利用了智能阅卷系统评分稳定性高和人工阅卷灵活性强的互补优势,有利于提升评分的效度。具体阅卷流程涉及以下步骤。

第一步,命题组和阅卷中心组共同制定各项试题的阅卷细则。

第二步,抽样选取样卷和标准卷,扩充并丰富阅卷细则。

第三步,评分员对一定数量的试卷进行背对背的双评评分,两评差异超出所设阈值的作答交由题块阅卷负责人重新评分作为最终成绩。然后将人工评分结果提供给智能阅卷系统开展特征抽取和机器学习。

第四步,智能阅卷系统试评试卷,中心组通过对比人工评分和智能系统评分结果评估智能阅卷系统的学习效果,判定智能系统是否进入正式阅卷工作。

第五步,评分员和智能阅卷系统均进入正式评阅状态,对所有考生的听说测试作答进行评分。若评分员和智能阅卷系统的评分结果差异在规定的阈值范围内则取均分作为考生该项目的最终成绩;若超出阈值范围,由题块负责人作为仲裁人员重新打分,作为最终得分。

因此,高考英语(上海卷)听说测试的评分工作并非评分员和智能阅卷系统双方相向而行开展的,而是通过几轮迭代,让智能阅卷系统"学会"评分员判断后进行相互矫正的结果。

此外,为保证评分质量,高考英语(上海卷)采用人工阅卷的质量监控机制。比如,命题组和阅卷中心组根据阅卷系统数据监测阅卷人员的实时阅卷情况,并抽查不同题块的评分员表现。又如,通过标准卷监控评分员的评分一致性,向评分员定期发放标准卷(强制培训卷),对于评分员评分与标准卷实际得分差异过大的情况与评分员及时沟通。

1.3　高考英语(上海卷)的发展与反思

上文从历时回顾和前沿发展两个角度阐述了高考英语(上海卷)的有关内容。本节将评述并提炼前两节的主要内容,随后对高考英语(上海卷)所亟需开展的相关工作进行规划与反思。

1.3.1　高考英语(上海卷)的发展评述

综合以上对高考英语(上海卷)各个发展时期的描述和分析,不难发现考试在不同社会发展历史时期、不同教育政策和课程改革的指引下以及语言测试相关理论和实践的指导下发生了深刻的变化。图 1－1 显示,高考英语(上海卷)四个阶段的历时变化主要体现在以下三个方面。

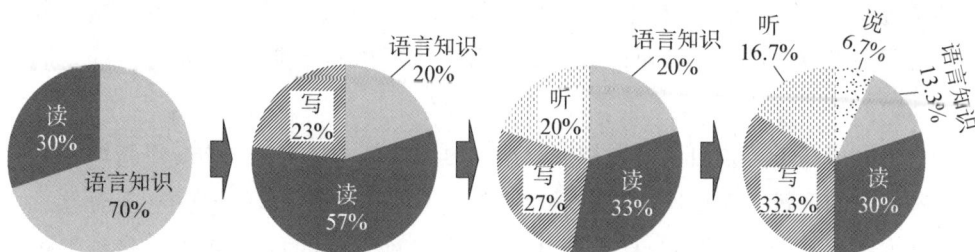

图 1－1　高考英语(上海卷)的历时变化

第一,由知识立意逐步向能力立意转换,凸显英语语言运用能力的考查。从本章第一节有关题型举例来看,起步摸索期和持续探索期中,高考英语(上海卷)的题型大多是针对语言内容和形式的识记,对运用语言的关注度极为有限。从考试素材的呈现角度而言,是以单句为主、篇章为辅的方式。但随着高考英语(上海卷)的不断发展,以单句为主的考查方式已几乎消失。

可以发现,随着高中英语教学从以语言知识为本向以语言运用能力为本的转向,高考英语(上海卷)的考核重点也从英语语言知识逐渐转变为语言运用能力。这充分体现在试卷结构上。早期高考英语(上海卷)以考查词汇、语法、语音的试题为主。1985 年开始自主命题的高考英语(上海卷)专门考查语言知识的题型数量多、分值高,占总分的 70%。而随后的试题专门考查语言知识的试题明显减少,占比仅为总分的 20%,试卷已凸显对语言运用能力的重点考查。这一趋势不断持续发展,随着听说测试正式计入高考英语(上海卷)总分,考试对语言知识的考查占比进一步下降,仅为总分 150 分中的 20 分,占比约为 13%。

除了对语言运用能力重视程度的加深,高考英语(上海卷)对于语言知识的考核目标也发生了变化。自主命题初期,受结构主义语言学理论影响,语言被视为可分解的系统,对语言知识的掌握主要体现为对单项语音、词汇和语法知识的记忆、辨认(上海教育考试中心,1988)。随着对语言能力构念认识的不断深化,考核重点转变为对语言知识的运用能力,测量目标强调语言知识在语境中的使用及语言的交际功能(徐雯,2016)。在高考英语(上海卷)的发展过程中,采用基于篇章的短文填空和选词填空就是很好的例证,不仅考查了考生的语法和词汇知识,也要求考生在理解语境的基础上运用语言知识。

第二,由片面考查语言知识逐步向全面考查语言能力转换,完善语言能力构念的整体考查。就不同阶段的试题结构而言,高考英语(上海卷)的构成越来越丰富,原先大篇幅的语言知识类考查逐步走向听、说、读、写和语言知识并驾齐驱的考查,并且产出性语言技能(写作与口语)的考查达到了整卷的40%。这充分体现了高考英语(上海卷)对语言技能的考查呈现出循序渐进、逐步覆盖的发展特点。

上海市高考英语自主命题初期只涉及对阅读能力的考查,1989年新增了对写作能力的测量。对于听力测试直到2001年才正式纳入高考英语(上海卷)。受技术条件和设备的限制,高考英语(上海卷)口语测试的大规模施考经历了较长时间的探索。20世纪90年代初期,口语测试采用考官和考生面试的口语考查形式;2001年,高考英语(上海卷)开始实施计算机辅助的人机对话模式;2017年,高考英语(上海卷)全面开展听说测试,将有关成绩计入总分,这切实地考核了考生的口头表达能力,实现了对语言能力的全方位考查。

此外,在这一历程中,高考英语(上海卷)对于各语言技能内部的测量目标和内容也不断加以细化和深化,拓展了语言能力的基本构念。在最新一轮高考改革中,高考英语(上海卷)的阅读理解部分新增了选句填空题型,考生需选取符合语篇发展特点的句子衔接上下文。这一题型旨在考查考生把握作者行文逻辑的能力,对考生的阅读能力提出了更高、更全面的要求。另外,写作评分标准的变化也反映了写作能力考查重点的转变。20世纪90年代初期,写作的评分侧重语法和拼写的正确性,评分标准中"语言"维度占总分20分中的13分,比重大,而"内容"和"组织结构"两个维度分别仅占5分和2分。2001年新修订的写作评分标准加强了对文章内容和篇章连贯性的考查,提高了"内容"和"组织结构"的分值,分别为10分和5分,语言分减至10分。这一调整反映了写作能力构念从重语言准确性到重内容表达和篇章结构的变化,有利于更全面地、更切实地考核考生的书面表达能力(徐欣幸,2006)。

第三,由单维语言能力向多维语言能力转换,吸收语言测试前沿研究的最新成果。一方面,考试的作答形式不断丰富,提高了主观题的比重。另一方面,在真实的语言交际中,使用者不可能仅调用语言能力的一个维度或某个方面,而是综合运用语言技能完成交际沟通任务。在高考英语(上海卷)不断趋于完善的发展阶段,考试将读写结合(如概要写作)、听说结合(如听短文回答问题),很大程度上符合并凸显了当代语言测试的最新发展趋势。

随着测试目标和内容及考生水平的变化,高考英语(上海卷)测试的形式和任务不断调整。上海自主命题起步阶段,试题以以多项选择题为代表的客观类题型为主,对离散的、孤立的语言知识进行考核。这一以客观题为主的试卷结构有利于减少评分误差,便于大规模考试的实施,但对考生语言能力的考核效果有限。高考英语(上海卷)进入探索创新期后,情景对话、写作、翻译等主观题型被纳入试题中,要求考生运用书面表达这一产出性技能作答,能够更真实地反映考生的语言运用能力。近年来,获益于计算机辅助阅卷技术的运用,评卷质量监控机制不断发展,提高了主观题评分的信度,为高考英语(上海卷)采用各类主观题型提供了条件(潘鸣威,2016)。

就测试题型和任务而言,高考英语(上海卷)试题呈现出逐渐增强的综合性、交互性、真实性和应用性,这再次体现了考试对英语语言能力的多维要求。在最新一轮高考改革后,高考英语(上海卷)采用了概要写作、快速应答和听短文回答问题等综合型试题。这类任务将读、写或听、说等不同语言技能结合起来考核,考生须读后写、听后说,综合运用语言输入和输出的能力,符合实际生活中语言使用的要求。新一阶段的高考英语(上海卷)还表现出试题任务的交互性。以2017年新增加的概要写作为例,该题型要求考生在规定词数内准确概括文章的内容要点。考生作答的过程是在理解、把握原文基础上自主阐释、重构文本意义的过程,考生与文本之间形成了互动(吕生禄,2017)。另外,高考英语(上海卷)测试任务的真实性不断增强,即考试任务贴近现实生活中的任务(徐欣幸,2006)。高考英语(上海卷)在自主命题的起步期,考试试题的题干多为语境有限的单句,不太符合真实丰富的语言使用情景。但随着高考英语(上海卷)命题实践的发展,考试出现了越来越多基于语篇或对话考查语言知识和能力的试题。例如,以短文填空的方式考查语法知识,以情景提问题型考查考生口头交际能力。同时,试题语料的选取也体现了真实性原则,语料或与真实生活情景密切相关(如电影影评);或体现人文社会关怀(如长者的弱势状态以及相应的民生盲点)。这些材料与考生的生活息息相关,符合实际语言使用的情景。值得注意的是,高考英语(上海卷)的试题还体现了应用性的特点,不仅满足高考选拔人才的要求,还兼顾对考生未来学业发展所需英语知识和能力的考量。例如,概要写作是大学英语学习重要的语言技能,也是学术论文写作必备的能力,因此该题型的设置有利于促进考生概要写作能力的培养,为高校的专业学习,特别是学术情景下的学习,奠定扎实的语言基础,具有积极的反拨作用(乔辉,2018)。

除由图1-1可直接显现的发展趋势外,高考英语(上海卷)在评分环节上也取得了长足的进步。在三十余年的发展历程中,高考英语(上海卷)的评分方式持续改进,从传统的纸笔评分到计算机辅助评分,再到听说测试的人工评阅和智能阅卷系统相结合,评分方式不断向科学化和标准化的方向发展,评分效度也不断得到新的保障。

纸笔评分是20世纪我国几乎所有大规模考试评分的通用形式,高考英语(上海卷)亦是如此。传统评分模式之下,一份试卷通常由一位评分员批阅,另一位评分员复核。但是,尽管接受了评分培训,不同评分员对评分标准的理解和把握程度仍可能存在差异,这可直接造成主观题的评分偏差。此外,另一个评分复核员由于可以看到试卷上初评分,因此在评分判断上容易受到一定的影响。而纸笔评分最大的劣势是评分管理低效,评分中心组无法实时监控评分中存在的共性问题,并对之进行即时干预。21世纪初,随着计算机技术的发展及其在考试中的应用推广,计算机辅助阅卷取代了传统的纸笔评分形式,这有效减少了评分误差,实现了评分实时监控管理,很大程度上确保了评分的公平性(丁文、裴赟,2008)。

高考英语(上海卷)于2010年开始实施主观题计算机辅助阅卷。计算机辅助阅卷依托计算机技术和电子扫描技术,将试题扫描成电子图像传输到计算机中,评卷人员利用计算机软件完成评分工作(马世晔,2004)。考生作答时,客观题在相应位置涂黑,主观题在规定区域内答题。客观题部分作答由高速扫描仪扫描答题卡读取数据后,计算机对比标准答案自动给分;主观题部分扫描成图片后随机分配给两位评分员评分。若两次评分结果差异小于规定误差值,则计算机取两评的均分作为最终得分,若两评差异大于规定误差值,则交由第三位评分员(通常是阅卷中的题组长)重新评定(徐雯,2019)。除多评机制外,计算机辅助阅卷还为评卷质量监控机制的完善提供了支持。一方面,计算机系统定期向阅卷员发放标准卷(强制培训卷),通过对比评分员评分和标准卷实际得分差异大小监测评分员评分情况。另一方面,阅卷系统提供评分员的实时评分数据供抽查和监控。综上,计算机辅助阅卷的采用有利于减少评分员因主观性造成的评分误差,同时也提升了阅卷的管理和监控效率,保证了考试公平性。另外,网上阅卷的实施减轻了试卷存放、看管和回收的压力,减少了人力,也有利于保障试题安全。

从 2022 年开始,高考英语(上海卷)还试点了人工智能字迹识别功能的辅助评阅方式。以语法填空题为例,虽然该考试项目是人工评阅的双评机制,且误差阈值为 0,即仅当两位评分员的评分结果一致才可视为评阅完成,但在实际评阅中,仍有极少的考生作答会被双评同时误判。这些误判往往将错误作答评为正确作答(如两位评分员均未识别考生的拼写错误等)。为引荐其他辅助评阅方式,上海市教育考试院通过与具有资质的第三方合作,以考生作答字迹识别为技术支持,将考生作答在数字化的基础上通过自然语言处理的方式进行比对。然后再筛选出机器评阅与人工双评结果不一致的作答,交由阅卷中心组最后审定。这种辅助技术可有助于识别极小概率的评分员误判情况,将部分主观题(如语法填空题等)的评分精准度提升至 100%。

高考英语(上海卷)的口试评分于 2017 年正式采用人工与智能阅卷相结合的评分形式。与传统纸笔评卷方式相比,计算机辅助阅卷虽减少了评分误差,但仍存在阅卷随机分配中的"宽宽""严严"评分员相配造成的评分偏误(马世晔,2004)以及评分员受疲劳度、情绪影响等问题。相比之下,听说测试的智能阅卷系统依托尖端科技的语音识别功能和语音分析的技术手段,借鉴自然语言理解、数据挖掘等领域的知识,由计算机自动生成对考生作答的评分(乔辉、董滨、刘常亮,2012),表现出稳定的工作状态、较高的内部一致性等独特优势,但也存在评分灵活度不够高,对未学习的作答评分出现评分不准的问题(徐雯,2019)。因此,人工评阅与智能阅卷系统相结合的听说测试评分方式能够充分发挥两者优势,起到互补作用,进一步降低评分误差,提高评卷质量。

1.3.2 高考英语(上海卷)的发展反思

高考英语既发挥着为高校选才育才的重要功能,也对中学英语的教与学起到促进作用。在三十余年的发展历程中,高考英语(上海卷)的改革和发展既考虑到高校人才选拔的需求,也顺应了中学英语教育教学改革的有关要求。回顾高考英语(上海卷)自主命题的发展历程,结合新一轮高考英语改革深化推进的要求,高考英语(上海卷)可在以下三方面持续完善,守正创新。

第一,进一步落实对学生英语学科核心素养的考查。依据新修订的《普通高中英语课程标准(2017 年版)》(中华人民共和国教育部,2018),核心素养是指导课程目标、课程内容以及考试与评价的核心理念(程晓堂,2017)。高考英语应充分把握新课程标准的要求,切实体现对核心素养的考查。英语学科核心素养包括语言能力、文化品格、思维品质和学习能力四大素养。目前,高考英语(上海卷)已凸显了对英语语言综合运用能力的考核,但应当进一步探索并完善对文化品格、思维品质和学习能力的考查,将其渗透在对语言能力考查的过程中。在这一方面,上海市教育考试院已经做了一些有意义的探索和尝试。为充分实现对核心素养的考查,在测试题型上,高考英语(上海卷)应适时调整试卷结构,不断开发新题型,避免长久使用某一题型造成其敏感度下降(陈洁倩,2005),对考生知识和能力的考核有效性降低。

第二,开展高考英语(上海卷)效度验证,并形成长效机制。效度验证是评价考试质量及其有效性的重要手段。对于高考这一大规模、高利害的考试,效度验证的重要性不言而喻。虽然高考英语(上海卷)相关的效度验证研究已从不同方位进行效度举证,但整体较为松散,欠缺对不同证据类别之间内在关联和变化规律的系统探究(潘鸣威,2016)。高考英语(上海卷)效度验证的持续推进需要充分利用考试数据,进行多方位效度举证。另外,高考英语(上海卷)作文及口语语料库的建设为历时检测写作及听说测试命题质量和作答情况、建立长效验证机制创造了条件(徐雯,2016)。也由此,本书主要从社会-认知测试效度验证框架入手,从不同角度收集高考英语(上海卷)的效度证据。

第三,开展高考英语(上海卷)与《中国英语能力等级量表》(中华人民共和国教育部、国家语言文字工作委员会,2018)和《欧洲语言共同参考框架》(CEFR,Council of Europe,2001)的对接工作,这也是上文所述效度研究的一部分,重要性较为突出。《中国英语能力等级量表》是我国外语测评体系的重要组成部分,对我国各阶段英语学习者应掌握的各种英语知识和能力作了详细描述,覆盖听说读写译各项语言技能(刘建达,2015)。而 CEFR 是欧洲各国对不同语种能力要求提出的共同参考框架,是国际上较多英语考试开展能力标准对接研究的参照系。高考英语(上海卷)应当在考试构念、考试内容以及评分标准的设计中积极借鉴量表成果,为考生提供更详细的英语语言水平能力评价反馈,这也有利于更好地解释考试分数。另外,高考英语(上海卷)与能力标准的对接为学习者自评英语水平能力提供了标准和参照,便于学习者明确学习目标和计划,也为教师教学提供了丰富的信息,强化了英语学习、教学、测评之间的联系(刘建达,2015)。

第 2 章　高考英语（上海卷）效度研究框架

第 1 章从高考英语（上海卷）历时的发展角度探讨了考试在不同历史时期的特征以及在新一轮高考招生制度改革背景下的前沿发展。正如前文所述，要提升高考英语（上海卷）的质量，发挥其选人育人的重要功能，则须加强考试效度的系统性研究工作，从不同视角对考试的效度加以举证。

基于此，本章着重从高考英语（上海卷）的效度问题入手，围绕两个方面展开。首先，本章将厘清语言测试中有关效度概念和效度验证的发展脉络，并列举主要考试效度验证框架。其次，本章将详细介绍社会-认知效度验证框架（socio-cognitive framework of test validation）（Weir，2005）的六个维度，即考生特征（test taker characteristics）、认知效度（cognitive validity）、情景效度（contextual validity）、评分效度（scoring validity）、效标关联效度（criterion-related validity）和后效效度（consequential validity）。作为理论出发点，本书将基于此框架开展高考英语（上海卷）的效度举证工作。

2.1　效度、效度验证与效度验证框架

要提升考试质量，首先需要确保考试的效度。历史上，效度始终是一个不断发展拓宽的概念，其内涵主要经历了单一效度观、分类效度观和整体效度观三个阶段（罗凯洲，2019）。在整体效度观的共识之下，一系列较为公认的效度理论框架也被相继提出，为考试的效度验证提供了可行的参考依据。

2.1.1　效度与效度验证

效度（validity）作为衡量考试质量的重要标准，是考试设计与开发过程中须考虑的首要因素，特别是高利害考试，应提供足够的效度证据。一项语言考试若

效度很低，即违背了预设所要考查的语言能力，则无法达到测量能力与选拔人才的目的。因此，对于如高考英语（上海卷）这样大规模、高利害考试而言，开展效度验证研究就显得尤为重要。

所谓效度验证（validation），就是根据现时的、较为公认的效度理论框架，为特定测试结果的使用、解释以及根据该结果可能做出的推断或决策提供一些可以参考的理论和经验证据。这一验证过程通常贯穿于考试的开发、实施和使用的全部环节（刘建达、贺满足，2020）。

在语言测试领域，不同学者围绕效度定义曾展开激烈的讨论，并竞相提出不同的效度验证框架。根据 2014 年美国教育研究协会、美国心理学协会和国家教育测量委员会最新联合颁发的《教育和心理测试标准》（AERA，APA & NCME，2014，以下简称《标准》），效度被定义为证据及理论对包含在所提议的测试使用之中的测试分数解释的支持程度，这一定义也被称作测试效度的共识定义。简言之，就是指考试是否测试了需要测试的（或是预设的）构念，或考试分数的解释在多大程度上是具有意义的。随着语言测试研究的不断深入，考试的效度概念及效度验证都得到了进一步发展（李清华，2006）。下文将聚焦效度定义的变化与发展以及如何开展效度验证研究这两个问题，着重梳理有关效度和效度验证的理论概念。

1. 单一效度观：20 世纪 50 年代以前

较早的效度定义由凯利（Kelley，1927）提出，他认为效度指一项测试是否真正测量了它所要测量的内容。这一定义虽简单明了，但在实际中缺乏可操作性和判断依据，因为确定考试所要测量的内容并非易事（许皖栋、辜向东，2020b）。这一时期的效度被看作是两个关于同一个目标的测量结果之间的相关，即一种相关系数，所以称为单一效度观（Bingham，1937）。对效度的操作性定义则是：某测试的分数与其他关于该目标上的客观测量结果之间的相关性（Bingham，1937）。换言之，测试的效度就是它关于一种特质无误差的测量结果和有误差的测量结果之间的相关（Lindquist，1942）。因此，单一效度观的前提是研究者需找到一个可参考的标准。但显而易见，这也正是单一效度观的问题所在。若甲测试以乙测试为标准，那乙的标准又是什么？而且，"标准"本身又应该如何效验？（李清华，2006）总之，循环论证难免成为单一效度观的一大缺陷，在实际效度验证的操作中被研究者们逐渐摒弃。

2. 分类效度观:20 世纪 50 至 80 年代

随着对效度认识的深入,研究者逐渐意识到一个简单的相关系数远无法准确定义效度这一复杂概念。于是,有学者(如 Finocchiaro & Sako,1983;Lado,1961 等)开始提出分类效度观,即按不同标准和维度进一步划分效度概念。第二版《标准》(AERA,APA & NCME,1954)将效度分为四种,分别为内容效度(content validity)、预测效度(predictive validity)、共时效度(concurrent validity)和构念效度(construct validity)。随后,《标准》的第三版(AERA,APA & NCME,1966)和第四版(AERA,APA & NCME,1974)又把预测效度和共时效度合二为一,称为效标关联效度(criterion-related validity)。同时,各类文献中涉及的效度还包括因子效度、经验效度、表面效度、收敛效度、区别效度、伦理效度、过程效度等等。不同研究者也针对以上不同维度的效度成分进行考试的效度验证,这些各有侧重的效度概念一方面说明测试效度在内涵上的复杂性,另一方面也说明学者们对效度的认识虽有深化但仍难以达成共识(李清华,2006)。此外,从操作层面而言,研究者逐渐发现了分类效度观存在一定的随意性,也认识到某一种分类效度无法代表效度的全部内涵。

3. 整体效度观:20 世纪 90 年代至 21 世纪初

20 世纪 70 年代中后期,就有学者(如 Tenopyr,1977)提出采用整体视角看待测试效度,但学界从真正意义上认可整体效度观可追溯到米西克(Messick,1989)所提出的"分层效度框架"。他认为,效度是一个整体性的概念,是实证证据和理论依据对测试成绩解释与使用合理性的支持程度,可通过各方面收集证据来解释测试的合理性。为形象地说明这种整体效度观,米西克采用分层效度框架对其进行图示解释,如表 2 - 1 所示。在分层效度框架中,构念效度始终处于测试效度最核心的位置。从表 2 - 1 中左上的构念效度出发,往右下的社会后果演进,且在每个层面都增加一个新的维度。因此,研究者对某项测试分数的解释进行评价时,不但要收集证明构念效度的有关证据,还要考虑这一解释的价值含义,使用该测试的相关性、实用性以及使用考试分数带来的社会后果。由此可见,这样的观点从根本上转变了传统单一式、组合式、种类式的测试效度概念。

在米西克(Messick,1989)的整体效度观影响下,研究者们探索出了不少测试效验框架,如巴赫曼和帕尔默(Bachman & Palmer,1996)提出的测试有用性框架(Test Usefulness Framework),昆南(Kunnan,2004)建立的测试公平性框架(Test Fairness Framework),韦尔(Weir,2005)提出的社会-认知效度验证框架,巴赫曼和帕尔默(Bachman & Palmer,2010)提出的测试使用论证框架(Assessment Use Argument),等等。相较于分类效度观下的零敲碎打,受整体效度观影响的效验框架则更具操作性和系统性。因此,以上效度验证框架也多被用于大规模、高利害考试的效度验证之中,极大促进了考试的有效性、规范性和科学性。

表 2‑1   分层效度框架(Messick,1989)

	测试解释	测试使用
证据基础	构念效度	构念效度+相关性/实用性
后果基础	构念效度+价值影响	构念效度+相关性/实用性 +价值影响+社会后果

2.1.2   效度验证框架

以上从历时角度厘清了效度概念和效度验证的基本发展脉络。在此基础上,本部分内容将继续呈现并梳理常用的考试效度验证框架,依次介绍测试有用性框架、测试公平性框架、社会-认知框架和测试使用论证框架。

1. 测试有用性框架

巴赫曼和帕尔默(Bachman & Palmer,1996)提出了测试有用性框架,用于指导语言测试的效度验证。该框架主要包括六个方面的有用性:信度(reliability)、构念效度(construct validity)、真实性(authenticity)、交互性(interactiveness)、影响力(impact)和可行性(practicality),如图 2‑1 所示。

图 2‑1   测试有用性框架(编译自 Bachman & Palmer, 1996)

在这一框架中,信度指测试结果的稳定性,即测试结果不因时间、考试形式、阅卷教师等因素的不同而发生变化。构念效度指在多大程度上测试分数的解释是有意义的且恰当的。真实性指语言测试任务特征和目标语言使用特征之间的吻合程度。交互性主要指考生和任务之间的交流关系。影响力则指考试对社会、教育制度及个人等带来的各种积极或消极的后果,通常也被称作考试后效。

可行性是指在测试设计、开发和使用过程中所需资源与可用资源之间的关系,考试的制约因素会影响考试的实用性,这些制约因素涉及人力、物力、财力、时间以及考试的保密性等。

测试有用性框架在设计之初成了语言测试效度验证的权威模式(Weigle,2002)。该框架的六个要素定义清晰、目标明确,具有较强的可操作性,有利于测试研究者根据不同方面的要素对考试开展全方位的效度验证,以此确保并提升考试的质量。然而,该框架也存在一些不足之处,这主要体现在过度追求理论的操作性而牺牲了理论的连贯性,从而导致各要素之间关系模糊、联系松散(McNamara,2003;Roever & McNamara,2006)。因此,该框架虽然在整体效度观下诞生,也只能算作"过渡产物",大致上仍属于分类效度观的范畴(罗凯洲,2019)。但即便如此,该框架仍然代表了语言测试理论的转向,尤其使语言测试界充分意识到了构念效度及测试后果的重要性,在革新语言测试理论的同时,拓宽了语言测试的研究和实践。特别值得指出的是,这一框架的应用范围较广,很多语言测试的效度验证均采用了测试有用性框架。

2. 测试公平性框架

昆南(Kunnan,2000,2004)以社会正义理论(Jensen,1980)以及《教育公平测试行为准则》(Joint Committee on Testing Practices,1988)为主要依据,参考 1999 年版《标准》(AERA,APA & NCME,1999)中涉及测试使用、考生权利、考生语言多样化和残疾考生等公平性话题的阐述,建立了测试公平性框架,进一步丰富了测试公平性研究的范围和深度。该框架包括效度(validity)、机会均等(access)、公正性(absence of bias)、施考条件(administration)和社会后果(social consequence)五个组成部分,如图 2-2 所示。

图 2-2 测试公平性框架(编译自 Kunnan,2000,2004)

其中,效度关注考试的构念效度、考试内容与形式的偏颇、试题的差异效应、考试材料中语言使用的恰当性以及某些考生群体在考试中所处的不利地位。机会均等既关注考试费用、考场选址、考试设备和条件,也关注考生受教育、可参加考试的机会以及残障考生的特殊待遇等。公正性关注社会公正及法律方面的挑战，要求做到考试的内容和实施没有任何偏见。施考条件关注测试实施者为考试所提供的物质条件以及测试在实施的过程中所要遵循的考试规范。社会后果关注测试给教育所带来的反拨效应以及当测试出现事故时应有的补救措施。

从教育公平的视角而言，该框架已成为语言测试领域公平性研究的主要依据，而且它不再局限于心理测量学的属性，已经扩展至了社会、道德、法律和哲学层面的范畴（Kunnan，2000）。然而，随着测试效度及其验证研究的深入，学者们也指出昆南（Kunnan，2004）测试公平性框架的五个组成部分之间缺少内在联系，尚未形成一个整体连贯的测试公平性论证框架，而是将效度视为测试公平性的一个属性。因此，效度验证可能沦为效度证据的简单罗列，缺乏内在的系统性与关联性。总体而言，测试公平框架的五个方面为考试公平性的效度验证提供了指引方向，也成为众多学者研究考试公平性的重要工具（罗凯洲，2019），但其仍然无法给相关的研究人员开展测试公平性的评估和实证研究提供切实有效的指导和借鉴（Xi，2010）。

3. 社会-认知效度验证框架

受米西克（Messick，1989）整体效度观的影响，韦尔（Weir，2005）在其著作《语言测试与效度验证：基于证据的研究方法》（*Language Testing and Validation：An Evidence-Based Approach*）中从社会-认知的视角出发，提出了基于证据的效度验证框架，也被称为社会-认知效度验证框架。这一框架从听、说、读、写四项语言技能出发，全面阐述了语言测试的开发与效度验证中不同方面的证据收集，形成了较为全面的效度验证框架。

该框架从语言测试的设计、实施、评分和后效等考试基本流程出发，涵盖了六个方面的效验证据：考生特征、情境效度、基于理论的效度（后改为认知效度）、评分效度、效标关联效度和后效效度，如图 2-3 所示。其中，考生特征主要关注考生的生理、心理和经历等个体因素或特征。情景效度强调测试任务的特征及其操作对考生的影响。认知效度则关注考生在完成测试任务时的认知过程。评分效度主要指测试的评分结果在多大程度上是可靠和一致的。效标关联效度包括不同考试之间、同一考试的不同考次之间以及考试与外部标准（如语言能力标准等）的关联性。后效效度主要回答测试过程及测试结果对所有涉考人员会产生的影响。有关这六个方面的具体内容将在本章下一节具体展开。

该框架从六个维度全面阐述了测试开发和效验的具体步骤，而且探讨了效

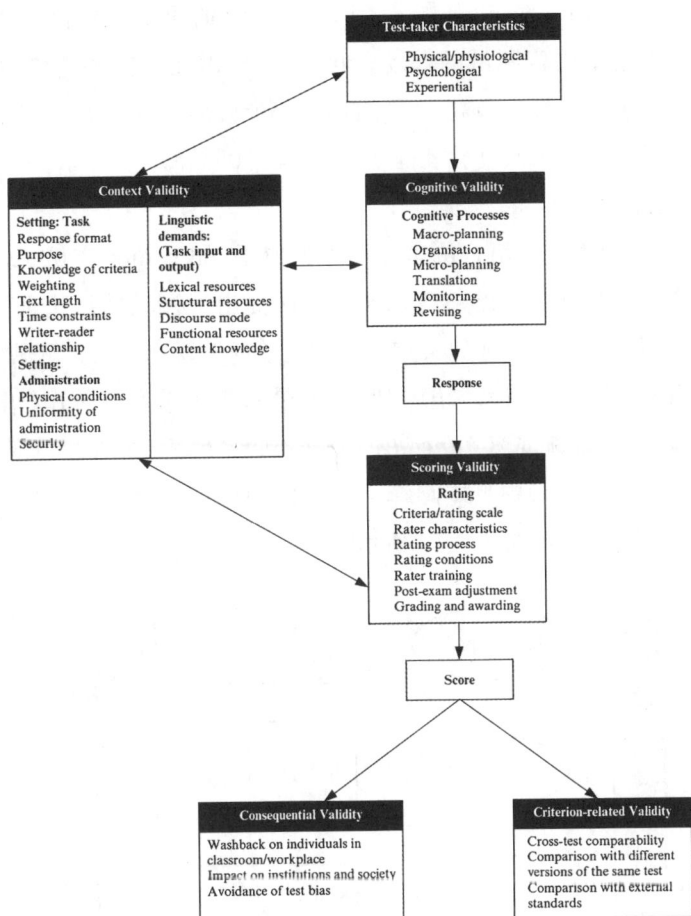

图 2-3　社会-认知效度验证框架(Weir, 2005)

度证据收集方法,为考试的效度验证提供了较为可行的方法,如剑桥大学英语考评部(Cambridge Assessment English)以及我国台湾地区的全民英检考试(General English Proficiency Test)就利用该框架对各自所开发的系列考试从听、说、读、写的不同角度开展了全面的效度验证研究(如 Bax & Chan,2016)。这一框架也成功用于英语以外语种的水平考试,如歌德学院德语能力水平考试(Goethe-Zertifikate exams for German as a Foreign Language at the Goethe Institut),或是其他类型考试的效度验证,如生物医学入学考试(BioMedical Admissions Test)(详见 Cheung,McElwee & Emery,2017)等。

相较于其他框架,社会-认知效度验证框架的内部系统性更强,它紧密围绕考试设计与开发的一般流程,构成了相对完整的效度证据链。同时,该框架不仅强调考生答题的认知过程,还兼顾了考试任务设计的语境特征和考试使用的社会性,进一步丰富了语言测试的效度。此外,由于需在不同环节中收集效度证据,这一框架的可操作性也较高。基于此,本书所开展的高考英语(上海卷)效度验证主要依据社会-认知效度验证框架(Weir,2005)展开。

4. 测试使用论证框架

在充分吸收前人有关语言测试效度理论成果(如 Kane,2002、2006;Kane et al.,1999 等)的基础上,巴赫曼(2003)首次提出了测试使用论证框架(简称 AUA 框架),而后巴赫曼(2005)又进一步细化该框架,将其分为"测试效度论证"和"测试使用论证"两个阶段。2010 年,巴赫曼和帕尔默在其著作《语言测评实践:设计开发有用的测试》(*Language Assessment in Practice:Designing and Developing Useful Tests*)中具体阐释了测试使用论证框架,并将测试的设计开发与解释使用联为一体,如图 2-4 所示。

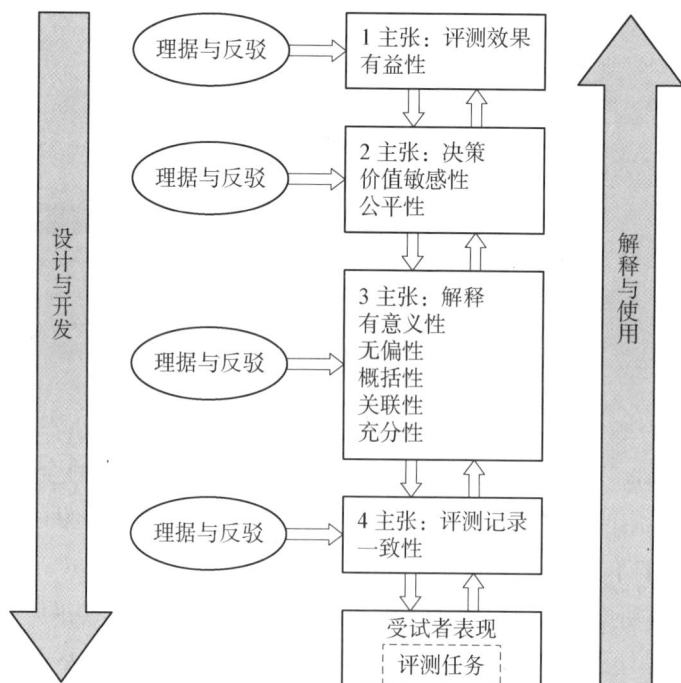

图 2-4　测试使用论证框架(编译自 Bachman & Palmer,2010)

在 AUA 框架中,测试的设计与开发应遵循自上而下的原则,即"测评效果—决策—解释—测评记录—受试者表现";而测试结果的解释与使用则按照自下而上的原则,即"受试者表现—测评记录—解释—决策—测评效果"。值得注意的是,不管是在测试的设计与开发环节还是在测试的解释与使用环节,这五个步骤都是相互联系、相互影响的关系。此外,为论证语言测试的合理性,各个步骤都需要一个清晰的主张(claim),并通过论证和收集证据为主张提供理据(backing)或反驳(rebuttal)。若能够为每一步提供具有说服力的理据,则该步骤的主张基本成立;若理据不充分甚至削弱或否定了主张,即为"反驳",此时需要对该步骤进一步完善,再重新论证并收集相关的效度证据,确保理据的充分性与准确性。

从框架逻辑而言,AUA 框架并非是对传统效度理论或验证模式的重新命名,而是较为彻底的扬弃和发展,框架本身更强调测试使用合理性的论证,即后果的重要性(韩宝成、罗凯洲,2013)。该框架经过学界大量的讨论与实践检验已趋于成熟,不仅为语言测试的开发设计与解释使用提供了新的视角和思路,更为效度验证提供了具有实践意义的理论模型(Chapelle,2012)。比如,夏佩尔、恩莱特和贾米森(Chapelle,Enright & Jamieson,2008)就运用此框架对托福考试进行了全面系统的效度验证。此外,AUA 框架虽然在提出之初主要针对语言测试,但由于其基本构件源于法律领域的证据链论证,因此它也是一个高度凝练且抽象的理论框架。鉴于此,AUA 框架的基本结构,即测评效果—决策—解释—测评记录—受试者表现,几乎可运用到其他的教育测试之中,并通过一定的改良用于其他教育相关内容的效度论证,如运用 AUA 框架论证语言测试与语言能力标准的对接效度(何莲珍,2019)。

综合以上评述的四个语言测试效度验证框架可知,效度是语言测试最为核心的问题。效度是一个多层面的整体概念,而且效度验证贯穿测试的始终。从语言测试效度概念和验证模式的历史来看,其发展几乎沿着教育测量理论的嬗变历程,遵循单一效度观—分类效度观—整体效度观的进展规律(韩宝成 & 罗凯洲,2013)。米西克(Messick,1989)的整体效度观是语言测试效度理论的重大突破,改变学界对于测试效度的长久认识,但他未能清晰阐述语言测试效度论证的操作流程,以至于效度理论和效度验证沦为了无法结合的"两张皮"。然而,受整体效度观的影响,一些新的效验框架也相继提出,如上文提到的测试有用性框架、测试公平性框架、社会-认知效度验证框架、测试使用论证框架等都遵循整体效度观的基本原则。虽然部分模型在操作性方面与整体效度观的理念存在一定的妥协,但总体上,这些框架进一步发展了语言测试的效度理论。此外,值得注意的是,不同时期的效度理论和效度验证框架并非互不关联。事实上,早期的观点大部分都包含在后来的新观点之中,这是一个不断继承与发展的螺旋式迭代关系,推动语言测试效度理论及其验证朝着更加科学化、可操作化的方向发展,最终达到促进考试设计与开发规范化的目的。

2.2 社会-认知效度验证框架

如上文所述,本研究将采用社会-认知效度验证框架对上海高考开展效度验证。韦尔(Weir,2005)提出了的社会-认知效度验证框架主要包括考生特征、情景效度、认知效度、评分效度、效标关联效度和后效效度。本节将着重阐述这六个方面,并对本书后几章节中如何开展这些效度举证加以说明。

2.2.1 考生特征

在考试设计与开发的过程中,出题者在关注考试构念和考核内容的同时,往往还应关注谁是该考试的目标群体,这是由考试任务与考生之间的关系所决定的,即考生的个人特征会直接或间接影响其答题过程与最终成绩(Khalifa & Weir,2009)。在考试这种特殊的二语使用情景中,考生可能受到临场发挥过程中内在和外在等诸多因素的影响,如考生自身的年龄、性别、国籍、健康状况、教育背景、知识范围、心理情感和考试动机等等。鉴于此,考生特征这一复杂且难以预测的变量就成了考试开发人员须特别关注的重点。若忽视考生特征这一问题,则有可能对某些个人或群体带来有利或不利的影响,严重的甚至会对考试本身造成统计学意义上的项目偏颇(test bias),这势必会进一步威胁到考试的公平性与有效性。那么,对于高考英语(上海卷)这样的大规模、高风险考试而言,考生特征的分析就显得尤为重要。

在社会-认知效度验证框架中,考生的作答反应是考试效度研究的关注要点。理想的情况是,考生的答题过程应尽可能保持真实性,即答题的认知过程无限趋近于真实语言交际的认知过程。基于这一目标,命题者有必要清楚地了解影响答题过程的所有考生特征。

为此,在奥沙利文(O'Sullivan,2000)的研究基础之上,韦尔(Weir,2005)提炼出考生特征框架。如表2-2所示,该框架把考生特征分为三大类。第一,物理/生理特征(physical/physiological characteristics),即考生的年龄、性别、突发性疾病、身体残障等。第二,心理特征(psychological characteristics),即考生的认知特征和情感特征。前者包括工作记忆、认知风格、认知发展、注意力持续时间;后者包括个性、情感图式、情绪状态。第三,经验特征(experiential characteristics),即考生的教育背景、备考情况、参加考试的经验、目标语国家居住经历(如在英语国家工作生活的时间等)、话题知识、世界知识以及对其的熟悉程度等。这些不同类型的考生特征往往相互影响、相互依赖,交互作用于考生的临场表现之中。因此,在考试设计过程中,命题者应充分考虑以上每一项考生特征,最大程度减少测试的偏颇,进而促进考试的公平性。

表 2-2　考生特征分类(改编自 Weir, 2005)

物理/生理特征	心理特征	经验特征
• 年龄 • 性别 • 突发性疾病(如发烧、牙痛等) • 身体残障(如盲人考生、读写障碍症者等)	• 认知特征 　◆ 工作记忆 　◆ 认知风格 　◆ 认知发展 　◆ 注意力持续时间 • 情感特征 　◆ 个性 　◆ 情感图式 　◆ 情绪状态 　◆ 考试动机	• 教育背景 • 备考情况 • 参加考试的经验 • 目标语国家居住经历 • 话题知识 • 世界知识

围绕着考生特征与考试表现之间的关系,不少学者已开展一些有意义的探索。例如,在物理/生理特征方面,邵志芳和庞维国(2016)回顾了近年来国内外关于高考成绩性别差异的相关文献,发现考生性别确实与考生的高考成绩存在一定的相关性,但其复杂的影响机制在学界尚未得到共识,需要进一步深入探索。在心理特征方面,日本学者 Nakatsuhara(2011)聚焦于小组讨论式的英语口语测试,探讨了考生的外向性格特征与考生口语测试表现之间的影响机制,结果显示考生的外向性格特征会受到小组人数这一调节变量的影响,从而导致越外向的考生在人数较多的小组中表现更佳。在经验特征方面,研究者(Chen & Henning, 1985)以美国加州大学的英语分班考试(English as a Second Language Placement Examination)为例,调查了不同语言文化背景的中国考生和西班牙考生在考试表现上的异同,研究结果发现两国考生在同一张试卷上不同题目的答题情况表现不一,母语文化背景会影响考生答题过程与最终成绩。

由此可见，这些研究均是从考生的生理、心理和经验等因素出发，对考生特征的效度验证提供了丰富的证据，有助于进一步提高考试质量，保证考试的公平性。

本书第2章将着重阐述有关考生特征的研究，主要围绕三个方面展开。一是高考英语（上海卷）如何结合考生的生理因素特征，对不同年龄、不同性别的考生，以及罹患突发性疾病和身体残障的考生群体提供考试上的便利。二是高考英语（上海卷）如何通过一系列的举措顾及到考生的认知特征、认知风格以及情感特征等。三是结合高考英语（上海卷）考生的教育背景、备考情况、参加考试的经验、目标语国家居住经历、话题知识、世界知识以及对其的熟悉程度等经验因素为考生提供足够熟悉考试的有利机会等等。

2.2.2 情景效度

随着语言的交际功能受到越来越多的重视，交际中的语境也引发学界的持续关注，学者们逐渐意识到语境同样是影响交际能力的重要因素（Bachman，1990；Canale & Swain，1980；Hymes，1972）。鉴于语境的重要性，语境因素对测试行为的影响便成了学者们的重点关切。与语言测试真实性相关的讨论便是明证（孔文、李清华，2003）。一个合理的语言测试应尽可能真实地反映考生在真实世界里对目标语言的实际使用，因此测试任务的特征及其操作也应对所有考生做到公平公正。

在社会-认知效度验证框架中，韦尔（Weir，2005）引入了情景效度这一概念，取代传统的内容效度。情景效度不仅包括测试内容的覆盖度和相关性，也涵盖了社会和文化环境因素，因此也进一步丰富了语言测试效度的内涵。情景效度与认知效度（见下文详述）类似，都属于考试的前期效度，其核心内涵是影响考生表现的各类情景特征，而考生表现总是与测试任务的语言要求和完成语言任务的场景密切相关。根据社会-认知效度验证框架（Weir，2005），语言测试的情景效度验证可从三方面收集证据。第一，任务要求（linguistic demands），主要与语言测试任务的输入和输出环节有关，如词汇资源（lexical resources）、结构资源（structural resources）、话语模式（discourse mode）、功能资源（functional resources）、内容知识（content knowledge）等。第二，任务设计（task setting），如答题模式（response format）、测试目的（purpose）、权重分配（weighting）、准备和答题时间（time constraints）等。第三，测试实施（administration setting），如施考环境（physical conditions）、实施流程一致性（uniformality of administration)、考试安全(security)等。当然,情景效度的组成也会按照考试的实际情况发生一些变化和调整。

以剑桥系列英语考试为例,语言测试专家利用问题清单的方式列举了情景效度不同参数的相关要求,并通过逐一对比,呈现该系列英语考试在情景效度方面的研究和举措。比如,在写作测试方面,剑桥大学考试委员会(Cambridge ESOL)建立了不同能力水平级别的写作语料库作为命题人员命制写作试题的参考,也建立了学习者语料库来纵向比较考生在语言产出中的词汇的丰富度,还建立了趋于稳定的写作话题分类,有助于不同级别的考试在话题难度上体现系统的差异和衔接(Shaw & Weir,2007)。此外,剑桥系列英语考试的写作测试严格参照考试开发者所研制的写作共同标准(common scale),给考生和其他相关方清楚地展示了系列考试的不同写作能力。在口语测试方面,剑桥口语测试重视口语构念产出性和互动性,使用了“对话者框架”及一系列任务形式,增加了口语过程的互动性,同时考官也可以对考试进行不同程度的把控(Taylor,2011)。剑桥大学考试委员会(Cambridge ESOL,2008)通过详细的《剑桥通用英语五级考试命题指南》(*Item Writer Guidelines for the Cambridge Main Suite Examinations*)确保了不同级别的考试所用的文本与测试任务符合语境效度各参数的要求,与级别难度和目标语使用域相匹配,为其他考试的情景效度验证提供了参考范式。

本书第 4 章将着重阐述有关情景效度的研究,主要围绕三个方面展开。一是高考英语(上海卷)如何从测试任务的输入和输出环节出发,通过双向细目表以及其他的实证研究来控制考试所需考查的词汇资源、结构资源、话语模式、功能资源和内容知识等方面要求。二是高考英语(上海卷)如何做到任务设计的一致性和可比性,如答题模式、测试目的、权重分配、任务顺序、准备和答题时间等。三是如何通过一系列的举措在高考英语(上海卷)的测试实施上,如在施考环境、实施流程一致性、考试安全等方面提升考试的情景效度。

2.2.3　认知效度

考试的效度验证研究既关注考生的考试结果,同时也重视其考试过程,即考生在考试中所经历的认知过程。因此,在探究语言测试的效度时必须同时将认知效度作为研究的重要方面,这也是社会-认知效度验证框架中的重要一环。认知效度就是从认知过程角度考查测试任务的效度,检测理论上测试应测量的能力或内在认知过程(Weir，2005)。随着认知效度的概念逐渐得到认可，考生在考试时的认知过程多大程度上与非考试环境中的认知过程保持一致成为衡量测试效度的重要标准(Field，2013)。沃尔默(Vollmer，1983)和格罗特扬(Grotjahn，1986)都有过相似观点，他们认为只有清晰地认识了测试中的认知过程，才能准确理解语言测试内容和语言能力的相关性，以求进一步验证测试是否达到了预期效果。

因此，对于认知效度研究首先需要从理论上明确应测试哪些认知过程(Weir，2005；Shaw & Weir，2007)。韦尔(Weir，2005)曾经也将认知效度称为理论效度，将其作为社会-认知框架的重要组成部分。以社会-认知效度验证框架下的写作测试为例，写作认知过程主要涵盖执行过程(executive processes)和执行资源(executive resources)两个方面。其中，执行过程包括目标设定、话题或体裁修订、生成、组织和转写；执行资源则包括语言知识和内容学知识两大类，语言学知识即语法、语篇、功能和社会语言学方面的内容，而内容知识则进一步分为储存在长期记忆中的、与任务话题相关的内部知识和从任务输入信息中所获得的外部知识。在执行资源的介入下，写作者依次在大脑中进行执行过程的操作步骤，对表达的内容进行监控和调整，以完成整个写作的认知过程。

目前，虽然语言测试中的认知过程受到越来越多学者的关注，但囿于认知效度的证据收集往往涉及作答过程，因此只能通过考生访谈或考后有声思维法等研究方法收集数据，结果的可靠性存疑。例如，张培欣和贾文峰(2022)运用基于论证的效度验证方法，在社会-认知效度验证框架的指导下，系统地对英语专业八级考试(TEM8)的写作测试认知效度开展研究，利用多方证据支持了TEM8读写结合写作测试任务的认知效度。

但随着技术的不断发展，作答过程数据可以通过眼动追踪(eye-tracking)的方法加以收集。例如，许皖栋和辜向东(2020a)用眼动和访谈的方法对比了大学英语六级考试、雅思考试和托福考试中阅读理解部分的作答认知过程。研究者发现三项考试的阅读理解任务诱发了考生在不同信息层次上的认知加工，较为全面地考查了考生在真实英语阅读环境中相似的认知过程，因此具备良好的认知效度。由于技术的介入，这一类的研究对大规模、高利害考试的认知效度验证起到了疏通堵点的效果，对促进考试公平性具有重要意义。考试所涉及的认知过程是极其复杂的，有效的考试设计应使考生经历真实语言使用中相似的认知过程，从而论证考试分数的解释和使用，因此有必要从认知角度对考试进行更具体的效度验证。

本书第 5 章将着重阐述有关认知效度的研究,主要报告一项基于眼动技术开展的高考英语(上海卷)概要写作的认知效度实证研究。此项研究不仅聚焦不同水平考生在作答过程中对源文本的提取过程,也观察并分析考生对不同体裁源文本的提取加工方式。

2.2.4　评分效度

评分效度是效度概念的另一重要组成部分,与考试信度和考试分数的解释紧密相关。这是因为评分效度表明了考试分数在不同条件下是否具有一致性和可靠性。若一项考试在评分环节,特别是主观题的评分上无法实现一致性,那该考试的测试任务在认知和情景方面的效度也就无从谈起。因此,只有当考试分数可靠时,考试分数使用者才能在做重要决策时更有把握和信心,如升学录取、职场晋升等。相反,不可靠的考试分数或不系统的评分机制都会影响考试的评分效度,并在一定程度上增加与构念无关的因素。这就是为何评分效度能引起语言测试专家如此急切关注的原因。评分效度的缺失势必会影响考试的整体效度。

在社会-认知效度验证框架中,认知效度、情景效度和评分效度属于和谐共生的关系(见图 2-3),这三者共同构成狭义上的构念效度(Khalifa & Weir,2009)。影响评分效度的因素有很多,主要包括评分标准、评分量表、评分员特征、评分过程、评分条件和环境、评分员培训、分数监控、等级评定、考后校正、分数报告等等。对于写作或口语这类产出性语言技能测试而言,评分效度显得尤其重要。韦尔(Weir,2005)也着重讨论了写作和口语测试的评分问题。评分方法一般分为整体评分法(holistic scoring)和分项式评分法(analytic scoring)。前者的效率和内部一致性较高,但缺点是反馈信息少,分数解释性不强;后者虽然效率低、内部一致性不高,但分数解释性强,可以对教学和其他测试使用者提供较为丰富的反馈信息。

以剑桥系列英语考试的写作测试为例,哈利法和韦尔(Khalifa & Weir,2009)通过两个案例研究,阐述了写作共同标准的研发过程以及如何修订雅思考试的写作评分标准。评分员特征主要表现在评分员的生理、心理和经验背景对评分带来的影响;评分条件可涉及考生作答字迹和评分的物理环境等;评分员培训旨在通过培训确保评分员间信度和评分员内信度;考后校正和分数报告则通过一定的统计方法对失误打分加以修正,并进一步使用多层面 Rasch 模型来辨别评分员评分的松紧度和一致性,以此对分数进行校正。此外,研究者也对纸笔写作考试和计算机写作考试的异同进行了比较,并着重介绍了计算机辅助评阅和自动评阅方式在保证大规模写作评分信度与效度方面的积极作用。

本书第 6 章将着重阐述有关评分效度的研究,主要报告高考英语(上海卷)写作评分标准的制定和验证以及听说测试的评分质量控制机制。前者在调研的基础上充分考虑概要写作的任务特征、评分的可操作性以及评分员培训等环节;后者则比较了人工评阅和智能阅卷系统的评阅结果。

2.2.5　效标关联效度

一般认为,如果一项考试的分数能够与测量相同能力的外部效标建立联系,则说明该测试具有效标关联效度。韦尔(Weir,2005)则认为效标关联效度是一种定量性质的考后效度验证,主要涉及考试分数与外部标准的相关程度。现今的考试使用者越来越重视测试的可比性,这使得考试开发人员更加关注跨测试之间的关联,包括不同考试之间的关联,或同一考试不同考次间的关联。因此,将考试与考试相互关联,便成为收集考试效标关联效度证据的重要方式。此外,如《欧洲语言共同参考框架》《中国英语能力等级量表》等权威性的外部标准也常常作为考试效标关联的参照点,为考试对接研究提供了良好的参照标准。

考试的效度验证工作通常会贯穿考试设计、施测、评分以及最后的总结的全部过程。效标关联效度和后效效度则是在评分环节结束之后要考虑的问题。在社会-认知效度验证框架中,效标关联效度的证据来自三个方面:不同考试之间的关联,同一考试的不同考次之间的关联,考试与外部效标的关联(Shaw & Weir,2007)。第一,不同考试之间的关联通过分数等值实现,前提是考试的测试群体、测试目的和测试内容基本一致。此外,这往往发生在一项新开发的考试中。考试开发者可通过比较同一批考生在新考试和既有考试(通常是效度得到充分验证的考试)成绩上的相关性,得出新考试的效标关联效度,这也是前文在阐述分类效度观时有关共时效度的概念。第二,同一考试的不同考次之间的关联即同一批考生在条件相同的情况下参加不同批次的考试,可通过定量和定性分析来确保不同批次的考试在情景和认知方面参数的可比性。第三,考试与外部效标的关联则主要参照语言能力标准或量表,如《中国英语能力等级量表》(中华人民共和国教育部、国家语言文字工作委员会,2018)和《欧洲语言共同参考框架》(Council of Europe,2001)就是重要的参照标准。通过将考试与这些语言能力标准或量表进行对接,以临界分(cutoff score)的方式得以体现,进一步得出不同分数段的考生能力与这些标准之间的关系。

以剑桥大学英语考评部所开发的系列考试为例,为实现不同考试之间的关联,其内部各种考试会采用统一且标准化的考试开发过程,并将同一个题库系统中的试题标定到同一个能力量表上。这一套完整的考试命制过程包括预编辑、编辑、试测、试测结果查询、试卷编制、审查和校对环节。在此过程中,剑桥大学英语考评部还开发了用于试卷编制、评估和比较的技能清单,以及详细的《剑桥通用英语五级考试命题指南》和五个级别的考试样卷。这一系列标准化的考试开发程序也确保了同一考试的不同考次之间的关联。此外,就考试与外部效标的关联而言,《欧洲语言共同参考框架》(Council of Europe,2001)一直是剑桥大学英语考评部所参考的重要标准,为其考试的效标关联效度提供可靠的关联依据。

本书第7、8章将着重阐述有关效标关联效度的研究。第 7 章将从专家判断的视角和从内容审查的视角研究高考英语(上海卷)与《普通高中英语课程标准(2017 年版)》(中华人民共和国教育部,2018)以及《中国英语能力等级量表》(中华人民共和国教育部、国家语言文字工作委员会,2018)之间的相关性。第 8 章主要从考试与语言能力标准对接的视角报告高考英语(上海卷)不同测试项目与《中国英语能力等级量表》之间的关联。这不仅是对高考英语(上海卷)在考试与语言能力对接上的效标关联效度举证,也是在同一考试不同考次方面的效标关联效度举证。

2.2.6　后效效度

语言考试对语言教学以及其他社会领域所产生的后效是一种极其复杂的现象(金艳,2006)。早在 1985 年,莫罗(Morrow,1985)就提出了考试后效这一概念,认为评价一个考试的效度要看其在多大程度上对教学产生了积极的影响。马道斯和凯勒(Madaus & Keillor,1988)也强调考试的社会权重,即考试结果对考生或其他涉考者所产生的重大影响。但直到奥尔德逊和沃尔(Alderson & Wall,1993)正式提出反拨效应假说后,学界才开始集中将考试后效作为重要的语言测试研究的议题之一。

米西克(Messick,1989)从整体效度观出发,认为测试的构念效度是一个一元多维的概念,其中后效方面的效度也起着至关重要的作用。麦克纳马拉(McNamara,2000)提出了用"影响"(impact)和"反拨效应"(washback)来阐述语言测试在不同层面所产生的效果。前者从宏观层面表达语言测试对社会和教育体系所带来的后效,后者则从微观层面表达语言测试对教和学所产生的影响。受到米西克(Messick,1989,1996)整体效度观的影响,韦尔(Weir,2005)将考试后效纳入其测试效度研究的社会-认知效度框架,并认为后效效度可从三个方面举证,即考试对学生个体在课堂或职场中的反拨效应(washback on individuals in classroom/workplace)、考试对机构和社会的影响(impact on institutions and society)以及如何杜绝考试偏颇(avoidance of test bias)所采取的措施等。

近年来,语言测试研究者已经充分意识到考试后效的重要性,该方面的研究成果不断涌现。比如,霍基(Hawkey,2006)以雅思考试和另一项意大利语考试(Progetto Lingue 2000)为例,阐述了考试正面后效效应及其成因。格林(Green,2007)在其考试后效模型中则提出了方向(direction)和强度(intensity)两个维度。前者指考试后效包含正面和负面两个属性,后者强调后效的强度与考试的规模和风险紧密联系。现有大量研究者已形成共识,认为考试的影响是多方面的,其涉及面主要包括教学、学习、教师、学习者、家长、教材编写人员、外语专家、考试机构、学校管理层、社会用人单位等(如董连忠、乔晓芳,2020;辜向东,2007;亓鲁霞,2004;张浩、张文霞,2020;Barnes,2016;Cheng,2005;Han,2021;Hawkey,2006;Green,2007;Shih,2007;Zhang & Bournot-Trites,2021;Zou & Xu,2017等)。

由此可见,测试的后效效度对于任何考试而言都起着至关重要的作用。这是因为考试会从宏观和微观两个不同层面对社会以及教学产生深刻的影响。因此,正面后效效应越来越成为大规模、高风险考试的必然要求,关于后效效度的验证也日益成为测试研究者的关注重点。

本书第9章将着重阐述有关后效效度的研究,主要报告高考英语(上海卷)自2017年新一轮高考招生制度改革后该考试的听说测试对上海市高中英语教学在不同维度方面所产生的复杂影响。

综上所述,社会-认知效度验证框架从考生特征、认知效度、情景效度、评分效度、效标关联效度和后效效度方面对考试效度加以举证。值得注意的是,这六个方面并非独立而是相互关联的关系,其中的认知效度、情景效度和评分效度构成了考试构念效度的核心内涵,通过围绕考生表现的前期效度和围绕分数解释与考试使用的后期效度对考试效度进行全面论证。

如上文所示,社会-认知效度验证框架作为公认的效度验证框架必然存在其优势性。首先,社会-认知框架既考虑考生答题的认知过程,又兼顾了考试任务设计的语境特征和考试使用的社会性,是对语言测试效度的发展和丰富。其次,该框架作为效度理论和效验实践的桥梁,为考试开发、效度证据的采集和论证提供了细致且可操作的理论框架,从一定程度上解决了考试效度验证理论与实践"两张皮"的问题,为今后的语言测试效度验证提供了参考依据。

然而,社会-认知效度验证框架也存在一些值得商榷的问题。首先,语言测试已经开始从单一语言技能向综合语言技能转化(Taylor,2011),但该框架仍偏向于听、说、读、写为主的传统四大单一技能的效度验证,未涉及"读-写"、"听-说"或"听-读-说"等综合技能的效度验证。此外,随着网络与通讯技术的不断发展,传统纸笔考试逐渐向计算机化考试转变,这势必会对考试本身带来更多改变,需要在效度的不同维度做进一步的深入探索。

在社会-认知效度验证框架的指导下,本研究希望通过对高考英语(上海卷)的效度验证,为该考试的新一轮题型调整提供直接证据,进一步促进有效科学的人才选拔,推进我国中学英语教育教学的改革。不断探索科学有效的命题、施考、评分有助于推动高中英语教学的良性发展;实践和理论探索的不断互动将会给今后的高考英语和高中英语教学创造更美好的愿景。

第 3 章 高考英语（上海卷）的考生特征

本章将着重阐述有关考生特征的研究，主要围绕三个方面展开。一是高考英语（上海卷）如何结合考生的生理因素特征，对不同年龄、不同性别的考生，以及罹患突发性疾病和身体残障的考生群体提供考试上的便利，在政策和医学依据的框架下提升考试的公平性。二是高考英语（上海卷）如何通过一系列的举措顾及考生的认知特征（如工作记忆、认知风格、认知发展、注意力持续时间等）、认知风格（如向考生提供主观题作答的自由度）以及情感特征等。三是结合高考英语（上海卷）考生的教育背景、备考情况、参加考试的经验、目标语国家居住经历（如在英语国家学习或工作的时长等）、话题知识、世界知识以及对其的熟悉程度等经验因素为考生提供足够熟悉考试的有利机会，为考试的透明度加以举证。

3.1 考生生理因素特征

根据韦尔（Weir，2005）的社会-认知效度验证框架，考生特征中的考生生理因素特征主要表现在考生年龄、考生性别、罹患突发性疾病考生和身体残障考生等方面。高考英语（上海卷）考试开发者充分考虑到这些考生生理因素，并对一些特别重要的因素提出了以考生为本的应对方案。

首先，考生年龄是显性的考生生理因素之一。虽然高考英语（上海卷）的考生群体中也有极小部分社会考生，但绝大多数考生是应届的高三学生。因此，就考生年龄而言，高考英语（上海卷）考生集中在 17 至 18 周岁，同质化特征较为明显。这一年龄段的考生虽有一定的生活经历，但生活阅历还不够丰富，认知水平仍较为有限。对此，高考英语（上海卷）考试开发者始终考虑到这一年龄段的考生群体的认知特征、生活经验或是文化内涵知识，用于指导考试的选材工作。比如,高考英语(上海卷)曾使用了一篇有关购买床垫的阅读语篇,其中提出将床垫内的弹簧设计为圆锥形则可增加床垫的科技含量,使得床垫可以以卷状出售。考虑到绝大多数考生的生活购物经历,床垫在出售时的形状对考生而言并非十分熟悉,因此命题者就充分考虑到这一特征,将有关信息具象化。再如,囿于年龄,考生的文化涉猎面还较为有限,无法理解国外文化中的一些代名词,如英国伦敦特拉法佳广场(Trafalgar Square)往往是年轻人的文化聚集地,哈雷(Harvey)机车是摩托车中具有一定代表性的高端品牌,等等。命题者应充分考虑到目标考生的生活阅历,将这些代名词背后的隐含意义点明。

第二,考生性别也是重要的考生生理因素。男性考生与女性考生不仅在思维模式上存在局部差异,也在作答过程中受到自身背景知识的影响。为应对考生性别可能对考试公平性产生影响,高考英语(上海卷)专家团队不仅在试题命制的源头上充分考试这一因素,也通过考后的项目偏误分析(Differential Item Functioning, DIF)来探究有关可能由于性别变量而产生的影响。比如,通过数据分析,高考英语(上海卷)专家团队在对于 2017 年至 2019 年三年的 6 次高考英语(上海卷)试题 DIF 分析后发现,仅有 1 题听力理解试题在作答结果上女性考生显著优于男性考生。通过仔细研读这一考题,专家团队发现考题的正确答案中包含了 sample(试用样品)一词,这与该词常见的"样本"意义有所不同,并且由于女性考生可能有较多机会接触 sample 作为"试用样品"的用法,因此可能会对男性考生造成一定程度上的劣势。由对性别刻板印象所衍生出的另一个变量是高考英语(上海卷)考生群体所选择的上海高考加试科目,即俗称的"小三门"科目。在新一轮高考招生制度改革后,由于上海高考已不再区分文科生和理科生,因此通常会选择相对较少的物理科目作为变量,将考生群体分为选择加试物理和不选择加试物理两类。同样,高考英语(上海卷)专家团队在对 2017 年至 2019 年三年的 6 次高考英语(上海卷)试题 DIF 分析后发现,所有试题对这两类考生不存在统计学意义上的偏颇。

第三,对罹患突发性疾病考生(如发高烧等)会有专门的特殊考务安排。上海市教育考试院在制定工作预案时会充分考虑到针对这些考生的特殊情况,设置特殊的单独备用考场,并在极其特殊的情况下研判是否有必要为这些考生提供特殊的考务安排。在 2020 年至 2022 年新冠肺炎疫情期间,上海市教育考试院还为体温异常考生专门预留了隔离考场,为新冠肺炎核酸检测结果呈阳性的患者考生设立了方舱考场,克服各种困难和压力,做到"应考尽考"。

最后,依据有关医学残疾证明,身体有残障考生可申请便利试卷或盲人试卷。比如,对于有听力障碍的考生,通过严格的审核程序可申请高考英语(上海卷)听力理解部分和听说测试免考的资格。又如,对于医学意义上认可的视弱考生群体,也可同样申请高考英语(上海卷)的大字号卷(enlarged print question paper)。这类试卷的印刷字号通常是普通正常考生所使用试卷字号的一倍。而对于盲人考生而言,不仅可申请翻译成布莱叶(Braille)盲文的高考英语(上海卷)试卷,还会在考试时间上相应延长,比普通正常考生的作答时间多1小时。此外,出于教育考试公平性的考虑,高考英语(上海卷)盲人试卷的试卷结构也有所不同。如表3-1所示,比较普通正常考生试卷结构(见表1-4),可见盲人考生卷不仅在题量上要有所减少,而且也删除了部分题型,如完形填空。其理由也主要是为盲人考生提供合理便利。由于盲文印刷的特殊性,盲人考生若要始终结合上下文对照阅读的话,会造成作答速度缓慢,很大程度上影响作答效率。此外,高考英语(上海卷)盲人卷中主观题(非选择题)的比重较低,这也与盲人作答的复杂度要求和作答效率有直接关系。

表3-1 高考英语(上海卷)盲人考生试卷结构

题项		题型	题量
听力理解	短对话	选择题	10题
	语篇听力		6题(2篇)
	长对话		3题(1篇)
语法与词汇			20题(语法16题;词汇4题)
阅读理解			15题(3篇)
翻译		非选择题	5题
写作			1题

综上所述,考生的生理因素特征不仅贯穿在高考英语(上海卷)考务的各个环节之中,也对试题的命制工作提出了较高的要求。这些具体的做法对保持高考英语(上海卷)的持续稳定奠定了扎实的基础。

3.2　考生心理因素特征

韦尔(Weir，2005)的社会-认知效度验证框架中考生特征的另一项重要因素是考生的心理因素，这主要表现在考生的认知特征(如工作记忆、认知风格、认知发展、注意力持续时间等)、认知风格(如向考生提供主观题作答的自由度)以及考生的有关情感特征方面。同样，高考英语(上海卷)考试开发者也充分考虑到这些考生心理因素。

首先，高考英语(上海卷)的考生认知特征是一项考生心理因素的重要特征。由于不同个体或是不同语言水平学习者在工作记忆、认知风格等方面特征迥异，因此考试开发者要充分兼顾到这些差异。比如，受到工作记忆的影响，高考英语(上海卷)的听力理解在设计上充分考虑到考生的认知特征。如听力语篇的篇幅一般控制在200－230个单词之间，既可实现听力输入的信息量，也可保证学生在听力过程中可承受的认知负荷量。又如，在听力语篇中若涉及有关复杂语法结构(如分词结构前置等)，命题者则会适当改写原文，降低考生的认知负荷。此外，由于考生的工作记忆(working memory)相对较短，在语篇听力中往往采取播放两遍录音的处理方式。一方面，这种做法可降低考生的测试焦虑，让考生在先后两遍录音中完成作答。另一方面，这种做法也可引导考生有的放矢地在第一遍和第二遍播放时采用不同的策略作答，降低认知负荷。此外，由于高考英语(上海卷)考生的认知发展和注意力持续时间也有所不同，这对其作答也会产生一定影响。本书第5章将报告一项基于眼动跟踪实验的实证研究，进一步具体探究不同水平学习者在认知特征上的异同。

第二，高考英语(上海卷)的考生认知风格也是一项考生心理因素的重要特征。由于个体的认知风格差异，命题者要充分兼顾考生在认知模式和作答自由度方面的特征，因此高考英语(上海卷)开发者特别在写作试题命制中考虑到这一点。以下试举一例说明。

【例3-1】指导性写作:学校即将举办"读书节"，目前正广泛征集"读书节"宣传册图片。假设你是该校学生潘阳，你已找到以下三幅图片，决定给读书节组委会写一封信，推荐其中一幅。你的信须包括以下内容:

1. 简单描述你想推荐的那幅图片;

2. 阐述你用该幅图片宣传"读书节"的理由。

由例 3-1 可见,虽然是同为"读书节"话题,但指导性写作试题向考生提供了三幅不同的图片供选择。一方面,受到认知风格的影响,若仅向考生提供一幅图片则会令部分考生感到无所适从,无法很好地完成写作任务。另一方面,不同图片本身由于信息承载量不同,因此可从思维深度的视角来剖析考生作答思维上的深刻性。如例 3-1 的图片所示,右上角的图片最为写实,但这幅图片的信息比较直白,可挖掘的思维深度也较为有限,因此可能无法受到部分高水平考生的青睐。相比较而言,左侧的图片比较抽象,部分考生的思维空间也较为自由。因此,这种选择性写作试题不仅可在一定程度上控制考生的写作内容,也可以让不同认知风格的考生各得其所,有话可言。

第三,高考英语(上海卷)的考生情感特征也是命题者需要考虑的考生心理因素的重要特征之一。这主要包括考生的个性、情感图式、情绪状态以及考试动机等。虽然考生的个体差异较大,考生情感特征的可控性也无法完全掌控在高考英语(上海卷)开发者和专家团队的手中,但命题者往往还是尽可能避免一些由于考试内容可能给考生带来情绪不适的问题,这很大程度上与命题内容的敏感度也有关联。比如,对于普通考生而言,为稳定考生的情绪状态,一般不在考试内容中出现负面或令人可能感到不适的信息,如战争、灾难、血腥、宗教等内容。同样,对于盲人考生而言,一般不涉及与视觉信息或视觉动词相关的考试材料,从源头上尽可能地降低影响考生的情绪波动。

综上所述,考生的心理因素特征可在高考英语(上海卷)的命制环节中进行有效的控制,这对考生正常发挥自身水平、提升考试信度等都大有裨益。

3.3　考生经验因素特征

韦尔(Weir，2005)的社会-认知效度验证框架中考生特征的最后一项是考生经验因素,这主要表现在考生的教育背景、备考情况、参加考试的经验、目标语国家居住经历(如在英语国家学习或生活的时长等)、话题知识、世界知识以及对其的熟悉程度等。如上文所述,虽然高考英语(上海卷)考生群体在这些方面的同质化倾向较为明显,但考试开发者也积极考虑到这些考生经验因素特征。

首先,高考英语(上海卷)考生在教育背景、备考情况、参加考试的经验、目标语国家居住经历等方面已高度同质化,特别是在教育背景和目标语国家居住经历等方面,几乎所有的考生均为高中应届毕业生,且在英语国家生活的时间较少。但在备考情况和参加考试经验方面,高考英语(上海卷)开发者仍做了较多的工作。比如,每次高考英语(上海卷)开考之前,都会向所有考生提供听力测试和听说测试试运转的机会。听力测试由上海人民广播电台通过广播形式播放,并在考试形式上与实际考试完全一致。在听说测试的试运转中,考生可上机操作,完全模拟真实考试的场景。这些试运转的做法都是为了让考生有充分的考试经历,并熟悉操作系统,并在考试结束后得到参考结果,这使得考生的经验因素不对考试的信度和效度产生负面影响。

再者,高考英语(上海卷)考生本身具备的话题知识以及世界知识也是另一项考生经验因素。话题知识方面,2017年以来,高考英语(上海卷)开发者始终围绕《普通高中英语课程标准(2017年版)》(中华人民共和国教育部,2018)所规定的主题语境,即人与自然、人与社会以及人与自我的有关要求。此外,正如上文所述,由于个体的经验经历不同,因此考生的世界知识和百科知识储备量也有所不同。高考英语(上海卷)命题者在严格按照课程标准话题要求的基础上,也严格控制背景知识对考生作答产生的影响。一方面,背景知识可帮助考生作答,造成考试存在一些与语言能力无关的考查内容。另一方面,部分考生也会由于无相关背景知识而无法作答,这也属于与语言能力无关的考查内容。因此,在涉及一些背景知识要求较高的考试内容时,要特别从考生世界知识和百科知识的角度考虑。以下试举一例。

【例3-2】听力理解:听短文后依据问题选择最为正确的答案。

We're hearing a lot these days about "downshifting." **So what is it**? **The term** "downshifting" first appeared in 1994. It was coined by the Trends Research Institute to describe a new philosophy by which high achievers at work chose a lower salary in exchange for a better quality of life.

According to a recent study, four out of ten people under 35 years old are planning to downshift from stressful jobs to a slower pace of life. It's not just the dream of the young. It is also popular with 35- to 54-year-olds, 12% of whom are making plans to downshift, 6% hoping to have done so in the next two years. The study found that 7% of workers had already downshifted.

Dr. Lucy Grant, a psychologist looking at the phenomenon, believes that downshifting is a dream that more and more people want to turn into a reality. People are not satisfied with their lives, and they want to make changes. However, Dr. Grant adds that some people will hesitate because they don't actually believe they can make it happen, while others will rush into downshifting to discover that their dream ends up with a financial crisis. So it's something that requires a lot of thought and planning to get right.

由例3-2可知,这篇听力理解语篇主要讲述有关 downshifting(工作降格)的内容。但是由于高考英语(上海卷)考生绝大多数并无职场经历,对有关内容的背景知识的知晓程度几乎为零,因此命题者在充分考虑考生的世界知识后对语篇开展了多处修改(见画线部分)。比如,例3-2语篇第一段中增加了多处信息,如"So what is it?"作为考生心理认知处理的有效缓冲,The term 作为同位语范畴词帮助考生了解 downshifting 的属性,并在这些基础上提出该术语的定义。此外,语篇的第三段也对 Dr. Lucy Grant 增加了同位语 a psychologist looking at the phenomenon 作为补充信息。这一系列的信息呈现方式全面兼顾到高考英语(上海卷)考生群体的认知特征,也尽量避免职场背景知识的缺乏对考生作答可能产生的不利影响。

综上,从物理/生理特征、心理特征和经验特征三个方面入手,分析了高考英语(上海卷)如何在对这些考生特征考量的基础上开展有关试题命制和相关的考务工作。就以上分析而言,考生特征的多维度分析本质上是在研发考试前后始终将目标考生群体的实际情况装在心中。当然,高考英语(上海卷)在今后的考生特征研究中还可以进一步围绕以下两个方面展开。

第一,适时优化考生特征的属性标贴,更系统地为考生特征举证。比如,以往对考生生源的属性标贴中包括城区生源和城郊生源两类,但随着教育资源分配公平化工作不断推向深入,这类标贴可能受到质疑。再如,随着上海市中考招生制度改革的深入推进,有必要通过历时跟踪的手段来检测(未)经历"名额分配"政策的考生在高中毕业出口端的异同等,因而这些新的考生特征属性标贴也应运而生。

第二,加强考生心理特征的实证研究,更好地为考试开发者提供考试的认知效度证据。囿于技术条件和研究方法的限制,现有的心理特征研究往往是通过访谈、有声思维等方法来回溯考生的作答过程。但为更清晰实时地捕捉考生的认知作答过程,为其心理特征提供新的证据,研究者可通过眼动跟踪、脑电实验等方式对语言能力的测量开展研究,这样也能更好地让命题者验证考题命制的认知过程,从考生特征的角度进一步提升考试效度。

第4章 高考英语（上海卷）的情景效度

本章将着重阐述有关高考英语（上海卷）情景效度方面的研究内容，主要围绕三个方面展开。一是高考英语（上海卷）如何从测试任务的输入和输出环节出发，通过考试的双向细目表以及其他实证研究来控制考试所需考查的词汇资源、结构资源、话语模式、功能资源和内容知识等方面要求。二是高考英语（上海卷）如何在测试任务设计上实现一致性和可比性，如答题模式、测试目的、权重分配、任务顺序、准备和答题时间等。三是如何通过一系列的标准化和保密考务举措在高考英语（上海卷）的施测前、施测中和施测后，如施考环境、实施流程一致性、考试安全等提升该考试的情景效度。

4.1 考试双向细目表

如第2章所述，社会-认知效度验证框架（Weir，2005）中情景效度的第一项内容是考试中测试任务在输入和输出环节上的特征信息，具体包括词汇资源、结构资源、话语模式、功能资源和内容知识等方面要求。这不仅可以帮助考试开发者从宏观和微观的视角查询考试材料在各种资源和维度上的特征，也有助于比较一项考试在不同考次上的异同。

在国际上，各种英语水平考试出于情景效度的考量，通常会对测试任务输入环节，即文本的主要特征方面加以规范，并通过不同方式对所选文本开展定性和定量的特征描述。以英国文化教育协会（British Council）所开发的普思（Aptis）考试为例，阅读测试部分通常通过一些特征词段来描述所选材料。如图4-1所示，普思考试阅读测试的这篇文章是有关物理学家伽利略的生平介绍，要求考生从所给的单词中选择合适的单词填到相应的空格中。相对应的是，如图4-2所示，这篇文章的很多特征可以通过文本特征表体现，如词数（word count）、领域

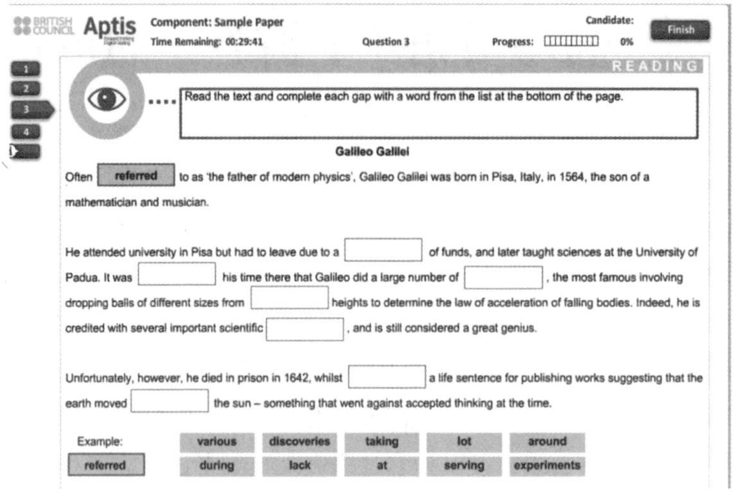

图 4-1　普思考试阅读测试样题

(domain)、话语模态(discourse mode)、知识专业性(content knowledge)、文化聚焦性(cultural specificity)、信息呈现度(nature of information)、文本呈现方式(presentation)、词汇难度(lexical level)等。这些范畴类的文本特征设计为可选项,无需命题者进行定性描述。结合图 4-1 所选考试材料,这篇文章的词数为 125-135 单词之间,词汇难度属于考试机构所界定的 K1-K3 难度,属于公共和教育领域的一般说明文读物,无需过多的专业知识或文化背景知识,且信息呈现上大多较为具体,属于连续性文本。

Features of the Input Text										
Word count	125-135 words (including target words for gaps)									
Domain	Public	Occupational	Educational	Personal						
Discourse mode	Descriptive	Narrative	Expository	Argumentative	Instructive					
Content knowledge	General				Specific					
Cultural specificity	Neutral				Specific					
Nature of information	Only concrete	Mostly concrete	Fairly abstract	Mainly abstract						
Presentation	Verbal	Non-verbal (i.e. graphs)	Both							
Lexical Level	K1	K2	K3	K4	K5	K6	K7	K8	K9	K10
Lexical Level; further criteria	The cumulative coverage should reach 95% at the K3 level. No more than 5% of words should be beyond the K3 level. (See Guidelines on Adhering to Lexical Level for more information).									
Grammatical level	A1-B1 Grammatical exponents (See Guidelines on Adhering to Grammatical Level)									
Avg sentence length	13-15 (This is an average figure. Individual sentences will span a range above and below the average)									
Topic	From topic list for B1.									
Text genre	Magazines, newspapers, instructional materials (such as extracts from textbooks describing important events or people). The texts are adapted to the level. Although not intended to be authentic, they should reflect features of relevant texts from the TLU domain. It should be possible to answer the questions: *where would a reader be likely to see a text like this outside the test?* and *is the genre relevant to TLU tasks important for Aptis General test takers at B1 level?*									
Writer/Reader relationship	The relationship is not specified. The texts will typically be written for a general audience, not a specific reader.									

图 4-2　普思考试阅读测试的文本特征示例

但除此以外,还有一些文本特征是需要命题者结合所选文本的实际情况完成定性分析的。如图 4 - 2 所示,语法难度(grammatical level)、平均句长(average sentence length)、话题属性(topic)、文本体裁(text genre)和作者/读者关系(writer/reader relationship)则是需要命题者自行输入。以文本的作者/读者关系词段为例,图 4 - 1 所呈现的文章并未涉及具体的读者群。

以上这种类似于考试双向细目表的文件对考前组卷、比较考试材料以及后续的内容效度分析等具有较高的应用价值。为汇总类似以上这些特征参数,形成高考英语(上海卷)在这一方面的特色,专家团队通过多年的探索和实践制作了高考英语(上海卷)的双向细目表。如图 4 - 3 所示,高考英语(上海卷)双向细目表主要由以下基本部分①组成:小题号、语言技能、主题/内容、课标要求、语言技能与课标要求的一致性、题型、分值、难度、区分度和答案。

小题号	语言技能		主题/内容	课标要求	语言技能与课标要求的一致性	题型	分值	难度	区分度	答案
	序号	内容								
1		能获取并理解话语中的事实信息								
2		能根据话语中的事实信息进行分析判断								
3		能推断话语中隐含的意思								
4		能归纳话语的主旨大意								

图 4 - 3 高考英语(上海卷)双向细目表示例

如图 4 - 3 所示,语言技能的指向与高考英语(上海卷)考试说明(详见附录)中的要求一致。听力理解部分的语言技能包括:①能在语境中正确识别和理解不同语音、语调等所表达的意义;②能获取并理解话语中的事实信息;③能根据话语中的事实信息进行分析判断;④能推断话语中隐含的意思;⑤能归纳话语的主旨大意。语言与词汇部分的语言技能包括:①能在语境中正确识别、理解和运用语法知识;②能在语境中正确理解和运用词汇。阅读理解部分的语言技能包括:①能根据上下文正确理解词语和句子;②能理解文章的基本内容;③能推断文章中的隐含意思;④能理解作者的写作意图;⑤能归纳段落或文章的主旨大意;⑥能理解句子、段落之间的逻辑关系。概要写作部分的语言技能包括:能用自己的语言概括所读材料。写作部分的语言技能包括:①能运用所学的语言知识译出正确通顺的句子;②能根据题意正确、连贯、贴切地进行书面表达。听说测试部分的语言技能包括:①能运用所学的语音知识和朗读技能,用正确的语音

---

① 双向细目表的部分内容因涉密,故不在本书中提及。

和语调朗读句子和文章;②能运用所学的语言意念、功能,根据情景要求进行询问以获得所需的信息;③能对人物或事件进行口头描述、解释或评述;④能听懂日常会话用语,并对此作出应答;⑤能根据所听材料内容回答问题,并表达个人的观点、感受或作出评论。

主题与内容与《普通高中英语课程标准(2017 年版)》(中华人民共和国教育部,2018)对主题语境的要求一致,包括人与自我、人与社会和人与自然。其中,人与自我的主题与内容包括:①个人、家庭、社区及学校生活;②健康的生活方式、积极的生活态度;③认识自我,丰富自我,完善自我;④乐于学习,善于学习,终身学习;⑤语言学习的规律、方法等;⑥优秀品行,正确的人生态度,公民义务与社会责任;⑦生命的意义与价值;⑧未来职业发展趋势,个人职业倾向、未来规划等;⑨创新与创业意识。人与社会的主题与内容包括:①良好的人际关系与社会交往;②公益事业与志愿服务;③跨文化沟通、包容与合作;④小说、戏剧、诗歌、传记、文学简史、经典演讲、文学名著等;⑤绘画、建筑等领域的代表性作品和人物;⑥影视、音乐等领域的概况及其发展;⑦体育活动、大型体育赛事、体育与健康、体育精神;⑧不同民族文化习俗与传统节日;⑨对社会有突出贡献的人物;⑩重要国际组织与社会公益机构;⑪法律常识与法治意识等;⑫物质与非物质文化遗产;⑬社会热点问题;⑭重大政治、历史事件,文化渊源;⑮社会进步与人类文明;⑯科技发展与信息技术创新、科学精神、信息安全。人与自然的主题与内容包括:①主要国家地理概况;②自然环境、自然遗产保护;③人与环境、人与动植物;④自然灾害与防范,安全常识与自我保护;⑤人类生存、社会发展与环境的关系;⑥自然科学研究成果;⑦地球与宇宙奥秘探索。当然,由于高考英语(上海卷)的选材丰富多样,某一语篇可能会归属到多种主题语境,因此在具体划分时可能产生某一语篇兼有几种主题内容的现象。但为给语篇的主题语境贴上较为明显的内容标签,高考英语(上海卷)考试开发者往往优先判断文章最首要的话题归属。

图 4-3 中语言技能与课标要求的一致性主要是指高考英语(上海卷)试题所考查的能力指向与课标中"高中英语学业质量水平二"(如表 4-1 所示)相应指标的一致性。一致性程度由多位命题审题专家集体判断协商后以"一致""基本一致"或"不一致"的形式体现。为保证高考英语(上海卷)与课标要求的一致性,考试的所有项目原则上在此词段中均为"一致"。

表 4 - 1　高中英语学业质量水平二(中华人民共和国教育部,2018:48 - 49)

2 - 1	在听的过程中,能抓住熟悉话题语篇的大意,获取其中的主要信息、观点和文化背景。
2 - 2	理解说话者选用的词汇、语法结构和语音手段所实现的特殊表达效果。
2 - 3	能借助说话人使用的图片、表格、动画、视频片段、示意图等多模态资源,更准确地理解话语的意义。
2 - 4	在比较复杂的语境中,能口头描述自己或他人的经历,表达情感态度,描述事件发生、发展的过程,描述人或事物的特征,阐释和说明观点。
2 - 5	根据交际场合的正式程度和行事程序,选择正式或非正式、直接或委婉的语言形式表达道歉、请求、祝愿、建议、拒绝、接受等,体现文化理解,达到预期交际效果。
2 - 6	能在口头表达过程中有目的地选择词汇和语法结构。
2 - 7	能在表达中借助语言建构交际角色,体现跨文化意识和情感态度。
2 - 8	能判断和识别书面语篇的意图,获取其中的重要信息和观点;能识别语篇中的主要事实与观点之间的逻辑关系,理解语篇反映的文化背景;能推断语篇中的隐含意义。
2 - 9	能识别语篇中的内容要点和相应支撑论据;能根据定义线索,理解概念性词汇或术语;能理解文本信息与非文本信息的关系。
2 - 10	能识别语篇中新旧信息的布局及承接关系;能理解语篇成分之间的语义逻辑关系,如:次序关系、因果关系、概括与例证关系;能识别语篇中的时间顺序、空间顺序、过程顺序等。
2 - 11	能在语境中理解具体词语的功能、词语的内涵和外延以及使用者的意图和态度;能理解语篇中特定语言的使用意图以及语言在反映情感态度和价值观中所起的作用。
2 - 12	能根据所学概念性词语,从不同角度思考和认识周围世界;能识别语篇间接反映或隐含的社会文化现象。
2 - 13	能在书面表达中有条理地描述自己或他人的经历,阐述观点,表达情感态度;能描述事件发生、发展的过程;能描述人或事物的特征,说明概念;能概述所读语篇的主要内容或续写语篇。
2 - 14	能在表达过程中有目的地选择词汇和语法结构,确切表达意思,体现意义的逻辑关联性;能使用多模态语篇资源,达到特殊的表达效果。

图 4 - 3 中题型通常为"选择题"或"非选择题"两种情况;分值指试题的赋分,通常为"1 分""1.5 分""2 分"三种情况。难度为命题和审读专家对试题难度的基本判断,通常为"易""中""难"三种情况。其中,"易"指难度系数为 0.7 或以上的试题;"中"指难度系数介于 0.3 和 0.7 之间的试题;"难"指难度系数为 0.3

或以下的试题。区分度也是命题和审读专家对试题区分度的基本判断,通常为"低""中""高"三种情况。依据上海市高考的难度定位,高考英语(上海卷)的整体难度系数控制在 0.65 左右;整体区分度控制在 0.3 以上(点二列相关系数)。高考英语(上海卷)双向细目表的最后一列为该题的正确选项(选择题)或参考答案(非选择题)。

除双向细目表外,高考英语(上海卷)对于以语篇呈现的考试内容均配以文本特征信息,包括:①原文的全文及出处;②语篇的修改痕迹;③语篇的多项可读性指标;④话题内容在以往考试中出现的时间和频数等。其中语篇的可读性首先分为听力文本和阅读文本两项,继而再对这些文本的总词数(total word count)、总句数(total sentence number)、总段落数(total paragraph number)、平均词长(mean word length)、平均句长(mean sentence length)、平均段落词数(mean paragraph length)、类符型符比(TTR)、词汇分级和分布情况(lexical profile)等参数通过自然语言处理以及语料库语言学的统计分析方法进行自动识别并记录。

在以上双向细目表和有关文本特征信息的基础上,高考英语(上海卷)专家团队可以脱离每次具体的考试内容而抽取考题背后的特征信息,可从宏观上得到类似考试的"外壳"信息,从情景效度的稳定性和一致性上保证自新一轮高考招生制度改革以来高考英语(上海卷)在考试素材特征方面的可比性。

4.2　测试任务特征

根据社会-认知效度验证框架(Weir,2005)的情景效度论述,测试任务特征包括答题模式、测试目的、权重分配、文本长度、准备和答题时间。上文所述的高考英语(上海卷)双向细目表已体现了测试任务特征中的答题模式和测试目标的内容,因此下文将从测试任务的权重分配、文本长度、准备和答题时间三个方面展开分析。

第一,权重分配。如第 1 章所述,高考英语(上海卷)在听、说、读、写和语言知识五个方面的权重比例分别约为 16.7%、6.7%、30%、33.3% 和 13.3%,因而接受性语言技能的考查占全卷的 46.7%,产出性语言技能的考查占全卷的 40%,而语言知识的考查占全卷的 13.3%。一方面,这样的权重分配比例兼顾到接受性语言技能和产出性语言技能的相对平衡,并在一定程度上降低了对语言知识的考查,对引导高中英语教学和学习在不同语言技能和语言知识方面的均衡发展有一定的指导意义。另一方面,产出性语言技能的考查对体现考生真实语言水平有较为直接的效果,但受到主观题评阅稳定性和评阅工作量的限制,现有的 40% 比重总体上较为理想。但也应该指出,在产出性语言技能的考查上,说的比例较写的比例而言还是较低的,这一方面有历史的原因,另一方面也有考试考务安排工作的瓶颈。在今后的权重分配上,说与写的比例应得到进一步平衡或调和。

第二,文本长度。在很多国际上所使用的语言能力标准中,如《欧洲语言共同参考框架》(Council of Europe,2001),阅读文本的篇幅通常用"长"或"短"来表示,而非是通过定量的词数形式体现。但出于阅读文本话题和体裁多样性的考虑,如果每篇阅读文本的长度基本等同,则可能无法选择一些篇幅较长或较为完整的阅读文本,如文学赏析类的阅读内容等。因此,在实际处理文本长度这一任务特征过程中,高考英语(上海卷)考试开发者往往通盘考虑所有基于语篇测试项目的总篇幅(总词数),保证不同次考试在总体阅读量上的可比性。一般而言,语法和词汇题语篇的长度均约为 250 - 320 个单词,完形填空语篇约为 370 - 420 个单词,阅读语篇约为 250 - 400 个单词,概要写作阅读语篇约为 280 - 320 个单词。当然,由于听力理解项目受到录音时长、录音语速等因素的限制,因而总的听力文本长度基本保持总量不变。一般而言,高考英语(上海卷)听力理解中语篇听力的长度约为 180 - 220 单词/篇,长对话为 250 - 280 单词/篇(通常包含 6 - 7 个来回的话轮)。

第三,准备和答题时间。韦尔(Weir,2005)曾指出,如果考试的某一项目在权重上较大,则该项目的作答时间也应较长,分值也应较高。考试组织者也有义务向考生提供这一方面的信息,帮助考生在准备和答题时间上开展整体宏观规划。

高考英语(上海卷)笔试部分仅第一项听力理解受到录音时长的控制,一般为 15 分钟,但若以听力理解项目的考试时长按比例来类推其他项目的期待作答时长,则考生在其他考试项目作答的总时长约为 70 分钟。但由于高考英语(上海卷)的实际考试总时长为 120 分钟,且其他考试项目的时间分配均由考生自行决定,加以高考英语(上海卷)的后半部分内容在难度上比听力理解要高,因此在试题权重分配和时间比例上均较为灵活,对部分考生而言也有一定的盈余时间可供最后检查或校对全卷之用。

4.3　考试考务保障

结合社会－认知效度验证框架（Weir，2005）在情景效度中有关内容，施考环境、施考流程的一致性以及考试安全等也是重要的特征维度。因此，除以上任务特征因素外，高考英语（上海卷）在这三个方面也提出了较为细致、人性化的考务保障措施。

第一，施考环境。高考英语（上海卷）由于是我国重大的升学类考试，密级定级为绝密。因此，为保证考试的严肃性和公平性，施考环境主要涉及标准考场的空间布置以及考试的物理环境。特别是考试的物理环境方面，高考英语（上海卷）的第二次考试由于时逢初夏，因此上海市教育委员会和上海市教育考试院等教育主管部门在上海市委市府的领导下，在有关职能部分的积极配合和保障下，为保证考生在舒适的应试环境中作答开展了大量工作。这主要包括：在考生进行听力理解项目作答时实现全域肃静（包括施工工地暂时停工、考场区域交通管制等措施），为标准化考场（由 25 名考生和 2 名监考人员组成）事先安装并调节好空调设备，等等。又如，在新冠肺炎疫情的影响下，施考环境还涉及防疫消毒工作，以保障广大考生的健康安全。

第二，施考流程的一致性。高考英语（上海卷）的施考流程包括闱外的试卷押运与回收、考前的身份核验和考中的监考细则等，这一系列的流程均有统一的标准化流程。其中，由于高考英语（上海卷）为绝密级考试，因此在试卷的押运与回收方面由公安部门和保密部门配合。考前的身份核验和考中的监考细则为考试中的突发事件有着极为明确的操作流程。特别值得指出的是，高考英语（上海卷）听力理解部分由上海人民广播电台统一同步播放；高考英语（上海卷）听说测试均在由经教育主管部门验收的标准化听说测试考场中完成，并备有突发情况下的紧急工作预案。

第三，考试安全。除对绝密级考试相关材料的安全保障规定外，自 2017 年新一轮高考招生制度改革起，高考英语（上海卷）与其他科目考试（如语文、数学科目）的试卷一样，回收所有的考卷、答题纸和草稿纸，且不对外公布全卷试题、答案等内容，仅通过每年发布的考试说明以及高考英语（上海卷）的年度评价会等方式公布部分真题（如概要写作等）。同样，阅卷环节也充分考虑到考试安全问题。在阅卷工作中，评分员的通信设备（如手机、电脑等）保存于临时寄放点。

在阅卷点,评分员无法接触到高考英语(上海卷)试卷的所有试题,而是仅可阅读自己所负责评阅大题的内容,即试卷中的主观题部分。此外,所有的评分员培训材料和评阅使用材料均已实现无纸化操作,以电子文档形式存储在评分员的评分终端之中,仅为可读并留有水印字样的文件。

第5章 高考英语（上海卷）的认知效度

本章将着重阐述有关认知效度的研究。由于我国所有的高考英语研究文献中有关认知效度的研究几乎为零，因此本章主要报告一项基于眼动追踪技术开展的高考英语（上海卷）概要写作的认知效度研究。此项研究不仅观察并分析不同体裁源文本对高考英语（上海卷）考生在概要写作过程中认知行为的异同，也聚焦不同水平考生在作答过程中对源文本重要信息的提取轨迹和异同之处，为高考英语（上海卷）的认知效度举证。

5.1 认知效度研究的背景与设计

如第2章所述，认知效度的研究长久以来是通过考生在作答过程中开展有声思维（think aloud）或是考生在完成考试后开展刺激性回溯访谈（stimulated recall）等方式来收集数据的。这些方法可从一定程度上探究考生在作答时的认知过程是否与预设的认知过程一致。然而，这些方法的局限性也较为明显。一方面，一边作答一边进行有声思维会干扰考生在正常考试环境下的作答，并对答题效率产生影响。另一方面，受到考生个体性格差异的影响，性格较为内向或是表达能力较弱的考生在刺激性回溯访谈中可提供的数据量和数据价值较为有限。

因此，在认知研究领域技术不断发展的背景下，语言测试的认知效度研究继而转向了眼动追踪技术，通过记录考生眼睛移动过程中瞳孔的各种变化来探究考生注意力的变化和切换等统计参数。在现有文献中，眼动追踪技术应用于语言测试的研究也为数不多，且较多集中在听力和阅读这类接受性语言技能的考查之中。比如，霍尔兹内克等（Holzknecht *et al.*，2021）通过眼动追踪技术，探究了普思考试听力选择题中选项前后编排顺序与试题难度之间的关系,并得出当难题的正确选项若编排在机考屏幕中靠后或靠下的位置时,可能会进一步提升试题的作答难度。又如,巴克斯等(Bax & Chan,2019)通过眼动追踪技术研究了中高水平英语学习者(CEFR 的级别为 B2 和 C1)在阅读测试中的认知过程,发现考生的确存在浅层和深层阅读加工两种认知过程,且高水平能力考生的阅读测试表现显著更优。同样,许皖栋和辜向东(2020a)结合眼动追踪和回顾式访谈数据对受试完成大学英语六级考试、雅思和托福阅读考试的认知过程进行对比分析,发现三项阅读考试较为全面地考查了受试在真实阅读实践中相似的认知过程,均具备良好的认知效度。但受到考生特征、考试任务和施考环境对答题认知过程的影响,阅读测试的设计理念有所不同。

由此,本研究以高考英语(上海卷)概要写作为研究对象,通过眼动追踪实验为该考试的认知效度举证。

5.1.1　研究背景及问题

高考英语(上海卷)自 2017 年题型调整后,概要写作成为新的一项考试项目,该题要求考生在阅读一篇约 300 个单词篇幅文章后使用 60 个单词以内的篇幅归纳总结阅读材料的要点。但由于是新题型,高考英语(上海卷)考试开发者需要从认知过程的角度去了解不同类型考生在答题过程中对不同体裁文章进行概要写作的异同。

由于概要写作是融合阅读能力和写作能力两个维度的新题型,因此该题所考查的能力构念既与阅读能力和写作能力的构念有类似之处,但也不是简单的叠加关系。因此,有必要探究不同水平考生在这一题型作答中的表现。一般而言,语言水平总体较高的考生也应在这一新题型作答的表现上比语言水平总体较低的考生的作答更胜一筹。除了通过比较不同水平组别的作答成绩外,高考英语(上海卷)专家团队也从认知效度,特别是认知过程的角度来探究语言水平对作答的影响。

此外,对于命题者而言,选取何种阅读体裁也是亟须解决的问题。因此,也有必要从体裁的角度来观察考生的作答过程。具体而言,议论文和说明文是概要写作项目较为常见的两种体裁(不同体裁的试测情况详见第 1 章有关内容)。但考生在进行概要写作作答时是否受到体裁因素的影响,则需要通过开展认知效度的实证研究加以举证,为这一新题型的命题提供参考意见,提升该考试项目本身的效度。

基于此,本章所报告的高考英语(上海卷)认知效度研究聚焦该考试的概要写作项目,主要回答以下两个研究问题。

问题 1:针对同一体裁文本的概要写作,不同水平考生的作答认知过程如何?

问题 2:同一水平的考生在不同体裁文本的概要写作中作答的认知过程如何?

5.1.2　研究设计及工具

为开展此项认知效度研究,高考英语(上海卷)专家团队着手开始研究设计。以下分别从研究受试、写作任务和研究工具等三个方面展开。

1. 研究受试

由于本研究从认知效度的角度出发,涉及高水平和低水平学生,因而专家团队共选取了 16 名受试。其中,8 名受试来自上海市某区的 2 所市实验性示范高中,且被英语任课教师评价为优等生;其余 8 名受试中有 4 名来自上海市某区的区实验性示范高中,4 名来自上海市某所普通高中,且均为英语任课教师评价为中等偏下的学生。

以上的受试选取原则主要有三个考虑因素。其一,由于便携式眼动仪的数量有限,加之研究开展阶段正处于新冠肺炎疫情常态化管理时期,因而只能让受试逐个开展实验,且研究人员的数量受到入校人数的限制。因此,此项实验选取了 16 名受试学生。虽然这一受试数量看似较少,但在同类的眼动实验中已属于中等水平(语言测试领域的其他眼动实验最少仅有 7 - 8 名受试参与,或仅有 2 名考生作为个案研究处理)。其二,虽然是比较高水平和低水平考试的异同,但考虑到语言能力很差的学生可能在作答的有效产出上存在困难和问题,因而在低水平受试的选取上仍瞄准了中等偏下水平的目标考生。其三,由于此项实验与正常开展的高考纸笔考试不同,需要在计算机界面上作答,因此受试对计算机化考试的熟悉程度是需要在实验前控制的一项变量。因此,在正式开展此项认知效度研究之前,专家团队通过键盘输入练习,将输入速度相对接近的受试作为此项研究的受试群体。

2. 写作任务

由于本项研究的另一个变量是概要写作中阅读材料的体裁,即说明文和议论文，因此高考英语（上海卷）专家团队分别选取了两篇阅读材料。体裁方面，文本一为说明文，主要说明 Ann Grand 是透过视觉方式进行思考的（A Visual Thinker）；文本二为议论文（Could Fast Food Make It Harder to Stop and Smell the Roses?），主要通过一项调研阐述快餐饮食与人们幸福感的关系。两篇阅读材料的可读性指标保持基本一致，但由于体裁不同，因此阅读材料具有一些体裁在结构和行文方面的显性特征。本项研究的阅读材料具体内容如下所示。

【文本一】

Ann Grand: A Visual Thinker

Ann Grand is a visual thinker. When somebody speaks to her, the words are instantly translated into pictures to generalizations and concepts. Furthermore, her memories usually appear in her imagination in order of time, and the images visualized are always specific. For example, if she thinks about a chimney, she sees detailed pictures, like the one in her old house, and then those in her hometown. That one word can turn into a full-length video in her head. Grand's mind works like the Internet search engine which produces dozens of images of an object a user is searching for.

Visual thinking has enabled Grand to build entire systems in her imagination, which works similarly to a computer program because it can produce three-dimensional design simulations. This was important to her as an equipment designer for the livestock industry. Before she started construction on her designs, she would test-run the equipment in her mind. She formed mental pictures of her designs in every possible situation, with different sizes and breeds of cattle and in different weather conditions. This process made it possible for her to correct mistakes before construction started.

Grand's mind is also sensitive to details, which was important in her work with cattle. Her sharp awareness of the visual world led to noteworthy observations about animals. She noticed many little things that most people would not consider that scared the cattle. For example, a coat on a fence or a pipe on the floor would frighten them away. Grand's visualization abilities have also helped her understand the animals she has worked with. This led her to create designs ranging from sweeping, curved fences intended to reduce the stress experienced by animals that were going to be killed to systems for handling sick cattle and pigs.

【文本一概要写作参考答案】

Being a visual thinker, Ann Grand thinks in pictures and her memories appear as specific images in her mind in time order. As a livestock equipment designer, she benefited from her ability to visualize her designs, which enabled her to perfect them before construction. Her keen observation of details led to designs that took into account animals' feelings.

【文本二】

Could Fast Food Make It Harder to Stop and Smell the Roses?

A new study from the University of Toronto suggests that fast food might make it harder to stop and smell the roses. Researchers pointed out that Americans have gained more and more leisure time, yet they aren't any happier. The problem could be that modern conveniences make us more impatient, and therefore less able to appreciate small moments of joy.

To test the theory, the University of Toronto researchers carried out a few different tests focused on fast foods, the typical American "symbols of the culture of impatience," and happiness.

In one of the tests, researchers told 257 people to rate pictures based on whether they were suitable for ads. Participants saw a series of pictures: One group saw fast food in regular packaging while the other group saw the same food set out on ceramic tableware. Afterward, some of the participants were shown photographs of "scenic natural beauty" and then were asked to rate their happiness. Others rated their happiness without seeing the pictures. The researchers found that people who saw the fast food before viewing the nature photos tended to rate their happiness lower. Yet those who simply rated their happiness without seeing the nature shots beforehand were actually a little happier if they had seen fast food in advance. Based on the above findings, researchers said that fast food doesn't directly cause unhappiness but decreases the ability to enjoy things.

Researchers cautioned, however, that much more research was needed to determine exactly how fast food and happiness are correlated and how strong the relationship really is.

【文本二概要写作的参考答案】

A study from the University of Toronto shows fast food will affect people's ability to enjoy things, thus making them less happy. In one test, among the 257 participants, those who saw pictures of natural beauty after being shown fast food rated their happiness lower than those who didn't. But researchers said more research was needed to confirm the findings.

3. 研究工具

本研究的受试虽然无法在真实的高考环境中作答,但高考英语(上海卷)专家团队尽量保证其他的施考环境与真实考试环境的一致性。

本研究所使用的眼动仪是1200赫兹的 Tobii Pro Spectrum 眼动仪,即每秒可记录受试1200次的眼动。这一眼动仪能在一定程度上容忍由于受试较大幅度头部移动而产生的数据记录不全等问题。根据此型号眼动仪的使用说明,受试与眼动仪之间的距离保持在55至75里面的区间内,且头部的自由移动处于75厘米×42厘米×26厘米的空间内。

Tobii Pro Spectrum 眼动仪工作时,计算机处于展开模式,且外接的屏幕清晰度设置为1920×1080像素。Tobii Pro Lab 主界面中,眼动软件可根据研究者需要设计眼动实验,记录受试的眼动和轨迹以及受试移动鼠标的轨迹等,并进而分析眼动的有关数据。在眼动软件中,屏幕显示参数设置为默认的"常规",即屏显中黑色作为前景色,白色作为后景色,中度为校正速度。阅读界面为 PDF 文件在 Edge 浏览器中所打开的呈现结果,而受试在屏幕右侧可输入有关概要写作的作答。在每次受试开始实验之前均保存以上模式,所有受试的实验参数均保持一致。

眼动实验界面如图 5 - 1 所示,圆圈代表着受试眼动的聚焦点(fixation),而圆圈之间的线代表着受试的眼跳(saccade)。

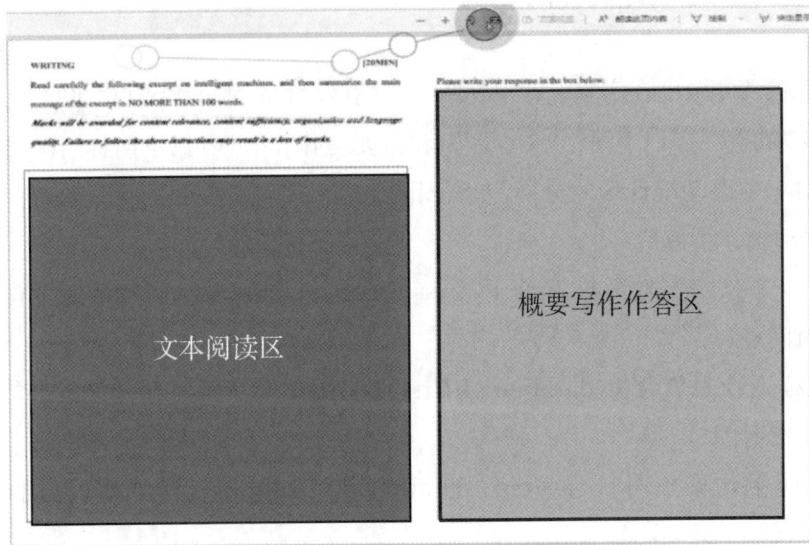

图 5 - 1　眼动跟踪实验的主界面

在眼动实验正式开始前,受试的座位离眼动仪的距离控制约为 60 - 65 厘米。专家团队会首先确保受试能较为清晰地看到屏显内容,对键盘和鼠标的操作也能较为熟悉,并保证受试在整个实验过程中的坐姿处于较为舒适的状态。在每次概要写作任务之前,所有受试均有多次试测机会,直到能充分了解眼动实验中的各种注意事项之后实验才开始。

在眼动实验过程中,受试应在 30 分钟内完成文本一的概要写作任务,并在休息约 20 分钟后,继续在剩余的 30 分钟内完成文本二的概要写作任务。所有的眼动实验在受试所在学校的会议室里完成,在整个实验过程中会议室保持安静,无其他干扰。

为对眼动跟踪数据结果进行三角验证,剔除一些由于受试改换坐姿或片刻注意力不集中等造成的偏差数据,专家团队在导出眼动实验数据后又在较短时间内让所有受试参加了刺激性回溯访谈。每位受试结合眼动仪所记录的视频轨迹,单独回忆在概要写作中的作答过程。为帮助受试了解眼动视频的有关内容,专家团队还具体解释了视频中圆圈(聚焦)和连线(眼跳)等所代表的意义,帮助受试解读有关眼动的数据。受试在眼动视频播放过程中可选择随时暂停或回看,并记录自己存有异议的时间节点和异常的眼动现象。

5.2　认知效度研究的发现

此项认知效度在实验设计中有两个兴趣区(area of interest),即图 5－1 所示的文本阅读区(以下简称“文本区”)和概要写作作答区(以下简称“作答区”)。通过对 5 项眼动统计量的分析,专家团队研究了受试的概要写作过程行为。这 5 项眼动统计量包括:

(1) 首次聚焦时间点(time to first fixation),即对某一兴趣区发生首次聚焦的时间点;

(2) 首次聚焦时长(duration of first fixation),即对某一兴趣区发生首次聚焦的持续时间;

(3) 平均聚焦时长(average duration of fixations),即平均聚焦的持续时间;

(4) 聚焦总时长(total duration of fixations),即对某一兴趣区聚焦的总时长;

(5) 聚焦次数(number of fixations),即对某一兴趣区发生聚焦的总次数。

此外,眼动实验还可以通过热力图(heatmap)来描述受试在阅读过程中的关注点的密度分布等情况。

5.2.1　体裁对概要写作认知过程的影响

如表 5－1 所示,比较受试在文本一和文本二概要写作作答过程中的眼动首次聚焦时间节点可以发现,无论是在文本区还是在作答区,受试在文本一上的首次聚焦时间点均值要明显短于其在文本二上的统计量,这说明受试在接触到概要写作的文本继而进行归纳总结时,文本一(说明文)对受试提出的要求要低于文本二(议论文)的难度要求。

表 5 - 1　概要写作任务兴趣区的眼动首次聚焦时间点　（单位:毫秒）

	文本一		文本二	
	文本区	作答区	文本区	作答区
均值	7 402.35	9 176.87	13 560.04	27 734.62
均值标准误	3 635.20	2 071.12	8 178.66	20 930.45
中位数	2 053.00	3 537.00	1 009.00	1 844.00
偏态	3.71	1.65	3.81	4.90
峰态	12.76	2.12	14.62	24.60
最小值	250.00	5.00	143.00	311.00
最大值	87 698.00	44 380.00	196 053.00	560 754.00

　　如表 5 - 2 所示,比较受试在文本一和文本二概要写作作答过程中的眼动首次聚焦时长可以发现,无论是在文本区还是在作答区,受试对于首次聚焦的内容时长并无显著差异,这说明受试在接触到难度程度不同的文本时,首次处理这些文本信息的过程所耗费的精力基本相同。

表 5 - 2　概要写作任务兴趣区的眼动首次聚焦时长　（单位:毫秒）

	文本一		文本二	
	文本区	作答区	文本区	作答区
均值	243.71	301.68	227.58	284.04
均值标准误	24.12	41.89	22.33	38.01
中位数	241.00	198.00	204.00	224.00
偏态	1.22	1.60	1.62	2.69
峰态	1.89	1.81	2.68	8.92
最小值	82.00	91.00	72.00	97.00
最大值	647.00	926.00	554.00	1 062.00

　　如表 5 - 3 所示,比较受试在文本一和文本二概要写作作答过程中的眼动平均聚焦时间节点可发现,无论是在文本区还是在作答区,受试在文本一上的平均聚焦时间点均值与其在文本二上的统计量无显著差异,这说明受试不仅在眼动首次聚焦时长上无显著差异,后续的眼动聚焦时长也基本一致。体裁因素在概要写作过程中的信息负荷影响不存在显著差异。

表 5-3　概要写作任务兴趣区的眼动平均聚焦时长　　（单位：毫秒）

	文本一		文本二	
	文本区	作答区	文本区	作答区
均值	246.74	342.29	246.23	356.08
均值标准误	5.51	11.53	5.22	15.24
中位数	247.00	345.00	241.00	346.00
偏态	0.64	0.19	0.21	0.78
峰态	2.15	−0.08	−1.09	0.51
最小值	175.00	202.00	199.00	217.00
最大值	337.00	482.00	294.00	565.00

　　如表 5-4 所示，比较受试在文本一和文本二概要写作作答过程中的眼动聚焦总时长可以发现，无论是在文本区还是在作答区，受试眼动聚焦的总时长并无显著差异，这说明受试在接触到难度程度不同的文本时，在起初"下手"时可能会感到不同程度的挑战，但对不同体裁的关注度，即耗费的眼动聚焦总时长是旗鼓相当的。

表 5-4　概要写作任务兴趣区的眼动聚焦总时长　　（单位：毫秒）

	文本一		文本二	
	文本区	作答区	文本区	作答区
均值	240 945.48	296 656.97	266 437.69	270 792.35
均值标准误	18 823.69	17 292.47	13 136.18	26 615.33
中位数	243 589.00	287 110.00	258 416.00	224 254.00
偏态	0.82	0.48	0.30	1.00
峰态	0.80	0.13	−0.42	0.21
最小值	80 106.00	108 222.00	145 982.00	59 169.00
最大值	507 861.00	513 423.00	421 407.00	589 565.00

　　如表 5-5 所示，比较受试在文本一和文本二概要写作作答过程中的眼动聚焦次数可以发现，无论是在文本区还是在作答区，受试对不同体裁阅读材料的眼动聚焦次数基本等同，这与前文对表 5-3 和表 5-4 的分析基本吻合。

表 5-5　概要写作任务兴趣区的眼动聚焦次数　　　　　(单位:次)

	文本一		文本二	
	文本区	作答区	文本区	作答区
均值	719.68	1190.90	752.73	1079.08
均值标准误	53.19	55.45	62.37	45.87
中位数	690.00	1162.00	731.00	1080.00
偏态	0.17	−0.17	0.95	0.34
峰态	−0.48	−0.34	0.81	−0.53
最小值	193.00	479.00	185.00	695.00
最大值	1382.00	1737.00	1569.00	1572.00

5.2.2　语言能力对概要写作认知过程的影响

除以上眼动统计量外,高考英语(上海卷)专家团队还通过观察眼动热力图的方式来分析不同语言能力水平的受试在概要写作过程中的行为轨迹。

图 5-2 和图 5-3 分别显示了高水平受试在文本一(说明文)和文本二(议论文)概要写作任务中的轨迹。如图 5-2 所示,高水平受试在阅读文本一(说明文)兴趣区的扫视分布较为平均,但将更多的关注度集中在右侧的作答区域。同样,如图 5-3 所示,高水平受试在阅读文本区的个别局部眼动扫视较多,这与上文所发现的文本二难度稍高相一致。但如图 5-3 所示,高水平受试总体而言在文本二(议论文)概要写作任务中的扫视分布较为平均,且也将更多关注度聚焦在作答区。

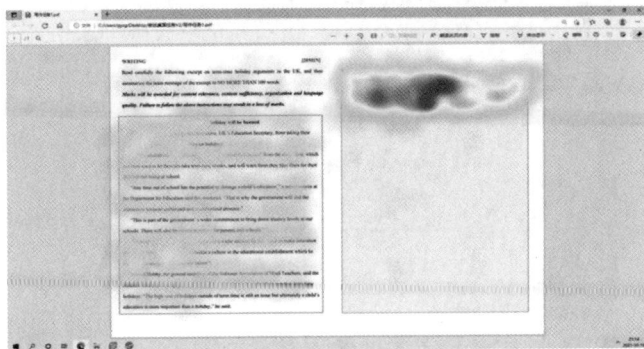

图 5-2　高水平受试在说明文概要写作任务上的热力图

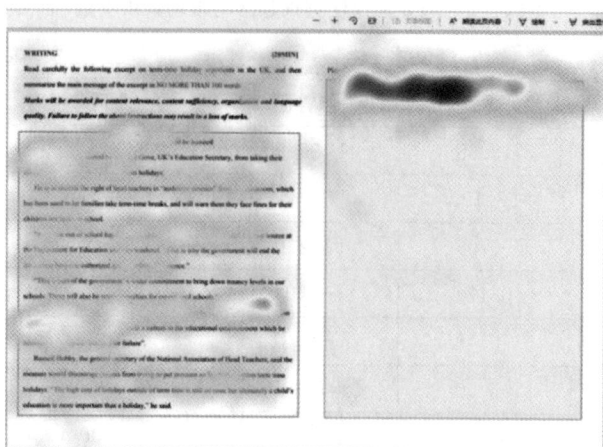

图 5-3　高水平受试在议论文概要写作任务上的热力图

　　图 5-4 和图 5-5 分别显示了低水平受试在文本一（说明文）和文本二（议论文）概要写作任务中的轨迹。如图 5-4 所示,低水平受试在阅读文本一（说明文）兴趣区的扫视分布也较为平均,相较高水平受试而言,低水平受试在阅读文本区的停留时间明显更久,对屏幕右侧的作答区域的开头部分较为聚焦。同样,如图 5-5 所示,低水平受试在文本二（议论文）概要写作任务中的扫视分布也较为平均,呈现出的扫视特征基本与图 5-4 一致。此外,就图 5-4 和图 5-5 的热力分布分析,低水平受试所聚焦的文本信息内容主要集中在每个段落的段首位置,而并非是在不同的文本信息中有较为均匀的分布。

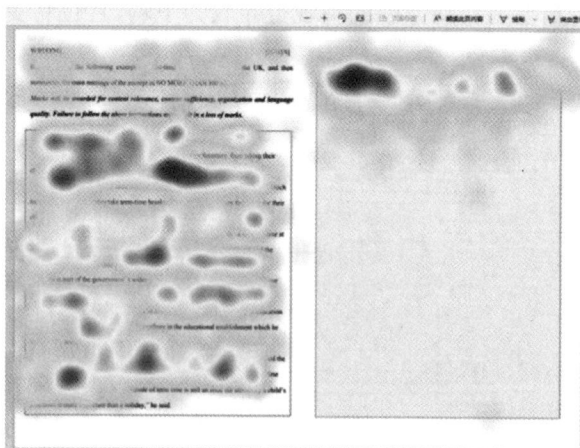

图 5-4　低水平受试在说明文概要写作任务上的热力图

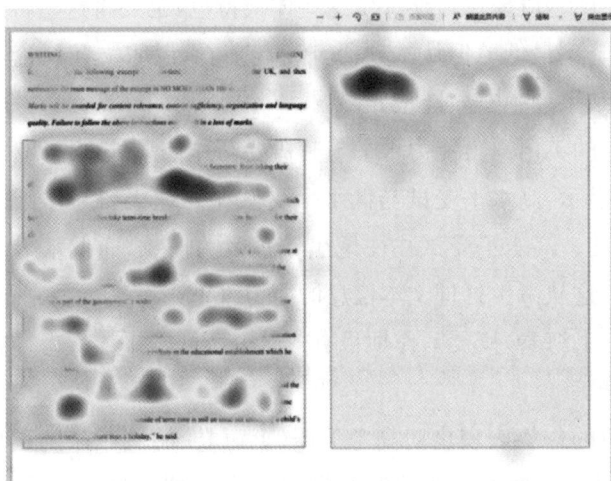

图 5 - 5 低水平受试在议论文概要写作任务上的热力图

比较高水平受试和低水平受试在不同体裁文本概要写作任务上的表现可发现,总体而言,不同体裁对受试的概要写作认知过程影响并无显著差异,但高水平和低水平受试在概要写作过程中的表现仍存在较大差异。一方面,不同水平受试在不同体裁的文本信息处理上有所不同。高水平受试的作答认知过程显示作答区受到的关注度更大;低水平受试需耗费更多的精力用于处理阅读文本信息。另一方面,不同体裁对考生的影响往往只是体现在眼动首次聚焦时间维度上,即考生在刚刚"入手"阅读材料时可能会受到文本体裁结构或行文的影响。

5.3 认知效度研究的讨论与启示

本章报告了一项基于眼动追踪技术而开展的高考英语(上海卷)概要写作项目认知效度的研究,并通过比较阅读文本体裁因素和受试语言能力水平因素对作答过程的影响,为高考英语(上海卷)的认知效度举证,并对今后概要写作的试题命制起到了积极的指导作用。

第一,概要写作的阅读文本体裁对考生作答会产生一定的影响。这些影响主要体现在考生对不同文本体裁在结构上,特别是考生对文本开头部分的把握程度。这对高考英语(上海卷)的命题者具有一定的启示作用。比如,外报外刊中不少议论文的开头往往起到引子的作用,有时也会呈现出新闻体中"倒金字塔"文体特点。因此,命题者在选择并改编概要写作的阅读文本时要特别留意不同体裁特色的开头,既要尽可能保留这些体裁特色,也要将这些特色对考生的阅读障碍尽可能降到最低。但从本项研究发现来看,说明文和议论文两种体裁未对考生的作答结果产生实质性差异影响。

第二,考生的英语语言能力水平与其概要写作信息处理之间存在紧密联系。本项研究发现显示,高水平受试与低水平受试在处理概要写作阅读文本时的差异是极为明显的。高水平受试往往聚焦作答区的信息,而低水平受试往往聚焦文本区的信息,这从考生处理文本信息的能力维度来考虑也是完全可理解的,并且对高考英语(上海卷)概要写作项目有效区分不同水平层次考生的特点提供了可信的实证证据。

第三,考生的作答表现也对高考英语(上海卷)的试题命制和写作教学起到了其他方面的指导作用。从本研究所呈现的热力图可知,低水平受试往往更多关注概要写作阅读文本的表层结构,比如会通过机械地寻找文章开头或段落开头的句子来提取概要写作阅读文本的要点信息。因此,命题者和一线教师在选取和修改阅读材料时,要有意识地引导考生全面阅读文本中的信息,而非仅是寻读一些处于明显位置但并非真正文章中心句或段落主题句的内容。

诚然,有关高考英语(上海卷)认知效度的研究还有很多空白之处。比如,考生如何运用语法知识完成语言填空题,这尚未在认知理解层面找到较有说服力的答案。又如,就考查学生对句子之间衔接知识的阅读选择题而言,认知层面上的相关研究仍是空白。因此,高考英语(上海卷)专家团队将在今后的考试研发工作中进一步围绕认知效度拓宽研究范围与空间,通过眼动追踪技术、脑电和脑成像等前沿技术,从认知效度的角度继续对高考英语(上海卷)考生的作答认知过程开展系列举证工作。

第 6 章　高考英语（上海卷）的评分效度

在明确一项考试"测什么""怎么测"后，测试开发者就需要规定评分体系，使分数具备可解释性，即须回答"如何评"的问题，特别是主观题（非选择题）作答的评分效度。如第 2 章所述，如果考试分数任意性很大且可解释性不强，这样的考试无意义可言。因此，评分环节的效度论证是整个测试效度论证的重要组成部分，直接影响着测试分数的合理解释及测试分数的有用性（Taylor & Galaczi, 2011）。

有关评分过程的效度验证被称为评分效度，即测试的评分结果在时间、内容抽样等因素影响下，保持稳定无偏差的程度（Weir, 2005）。基于此，韦尔（Weir, 2005）提出，评分效度受评分标准、评分员、评分流程（包括评分员培训、培训标准化、设备条件、调分、统计分析）及分数和结果报告四个具体因素影响。那克和夏佩尔（Knoch & Chapelle, 2018）也在回顾相关研究的基础上强调了评分结果、评分量表、评分员、评分过程等因素均会对评分效度产生影响。因此，总体来看，评分效度验证包括对评分标准、评分过程、评分条件、评分员个性特征、评分员培训、试题调整以及打分过程等方面的论证。肖和韦尔（Shaw & Weir, 2007）在论证写作测试评分效度时提到，错误的评分标准、不合格的评分员或不恰当的评分过程、不完备的培训和标准、不全面的考试分数分析以及不系统的打分过程都会降低评分效度，从而对考试构念造成负面影响。

如第 1 章所述，上海市教育考试院（2017）明确了英语科目的考试目标和试卷结构，并指出高考英语（上海卷）旨在测试考生的英语基础知识和语言运用能力。其中，对语言运用能力的考核是新一轮高考招生制度改革后的重中之重。根据戴维斯等（Davies *et al.*, 2012）的定义，语言运用测试是指考查学习者在真实语言使用任务中的表现的考试。因为其对语言运用能力的直接考查和对教学正面的反拨作用，越来越多的大型考试（如我国的大学英语四、六级考试，英语专业四、八级考试，以及国外的雅思考试、托福考试等）都将语言运用测试任务（典型任务包括写作、翻译和口语表达等)作为考试必不可少的部分(张洁,2013)。作为具体的语言运用测试任务,高考英语(上海卷)写作任务和听说测试尽管都具有较高的真实性,但由于涉及主观题评分,评分员、评分标准和考生表现是语言运用类测试评分过程的三个重要组成要素,且评分标准是评分效度研究的首要考虑因素(柳明明,2015)。

　　基于此,本章将着重阐述有关评分效度的研究。第一部分将主要报告高考英语(上海卷)写作(概要写作和指导性写作)评分标准的制定和验证。第二部分将主要阐述高考英语(上海卷)听说测试的评分质量控制机制。前者在调研的基础上充分考虑概要写作的任务特征、评分的可操作性以及评分员培训等环节;后者则比较了人工评阅和智能阅卷系统的评阅结果。最后,在评分效度研究的基础上,本章将展望高考英语(上海卷)在评分效度方面需开展的有关研究。

6.1　写作评分

　　在写作评分中,评分员、评分标准和考生写作表现是写作测试评分过程的三个重要组成要素(Shaw & Weir,2007)。如表 6-1 所示,高考英语(上海卷)写作测试部分包括读写综合(概要写作)和写作表达(指导性写作)两项,共计 35 分,占总分的 23.3%。这两项写作题型所考查的写作能力各有侧重。本节将分别围绕高考英语(上海卷)概要写作和指导性写作两个项目的有关情况,介绍高考英语(上海卷)写作部分的评分效度研究和其他类似写作考试的评分效度研究,并在此基础上给出有关高考英语(上海卷)写作评分效度研究的展望。

表 6-1　高考英语(上海卷)写作测试部分

测试形式	测试题型	题目数量(题)	计分(分)
读写综合	概要写作	1	10
写作表达	指导性写作	1	25
合计		2	35

6.1.1　概要写作评分标准

　　概要写作为高考英语(上海卷)改革后的新增题型,用于考查考生在阅读的基础上进行写作,特别是涉及"概括"的语言运用能力。该题的阅读语篇通常介于 280 - 320 个单词,内容多样,体裁以说明文和议论文为主(参见第 5 章中对概要写作介绍的有关内容)。考生的概要作答词数一般介于 55 - 60 个单词,并以 60 个单词为写作上限。作答文字应尽可能概括文章主旨和要点,并尽可能以考生自己的语言表述(样题可参见例 1 - 14)。

从任务角度分析,概要写作任务将读与写结合,与传统的阅读理解和书面表达任务相比更为真实,但也更为复杂,给教学和评价带来了挑战(张洁,2020)。在该任务中,写概要的目的在于重述原文的主旨要义,写作者需要在充分理解原文的基础上,辨别细节信息并决定哪些可以省略或压缩,以保持原文主旨和所强调内容不变(Kim,2010)。同时,概要写作还要求考生具备在不改变原文意思的前提下变换词汇和句子结构的能力,这显然对高中阶段的英语学习者是有较高难度的。研究表明,英语母语者在概要写作时倾向于对原文的句法结构进行实质性改写,而英语作为第二语言的学习者则会更多地逐词借用原文(Keck,2006;Shi,2004)。在当前的高考英语(上海卷)概要写作评分标准中,尚未明确界定"原文借用"的具体要求,仅在指令语中要求尽可能用自己的话来归纳。

基于此,张洁(2020)通过对我国高中生概要写作样本中原文语言借用情况进行统计和对比分析,探索符合我国高中英语教学的相应界定和评判标准。研究人员模拟高考英语(上海卷)真实情况,基于一次模拟测试的高中生概要写作样本(所提供的原文为说明文,约 350 个单词),采用借用频次和借用篇幅作为衡量其对原文语言依赖程度的指标,使用均值分析和分布统计的方法观察在 3 种原文语言借用的界定标准下这 2 项指标与概要写作完成质量之间的关系。研究发现,由低分组至高分组,学生对原文语言的借用频次越来越低,借用篇幅越来越少,这说明考生对原文语言的依赖程度是衡量概要写作完成质量的有效维度之一。基于此,研究者提出两项关于评分标准制定的具体建议:①在界定原文语言借用时,4 个单词或 5 个单词的评判标准比 3 个单词的评判标准更合适;②在评判学生作答对原文语言的依赖程度时,应综合考虑借用频次和借用篇幅。这些研究对高考英语(上海卷)优化概要写作的评分标准提供了很好的借鉴。

可见,概要写作一方面要求考生在理解的基础上提炼阅读语篇的主旨和要点,但在呈现形式上又要求考生尽可能用自己的话再现。因此,概要写作的评分标准共分为两个维度,即内容(5分)和语言(5分),如表 6 - 2 所示。概要写作评分标准中的内容维度主要聚焦考生再现阅读原文中心思想和主要观点的作答表现,如 A 等"能准确、全面地概括文章主旨大意,并涵盖主要信息"。概要写作评分标准中的语言维度主要关注概要作答在信息呈现上的连贯性和准确性,如 A 等"能用自己的语言连贯、正确地表述"。两个维度的得分均为 5 分,这一分数比例也凸显了"读"和"写"两部分对于概要写作而言同等重要(汪洋,2019)。

表 6－2　概要写作评分标准

等第	内容(5 分)	语言(5 分)
A	能准确、全面地概括文章主旨大意,并涵盖主要信息。	能用自己的语言连贯、正确地表述。
B	能准确概括文章主旨大意,但遗漏个别主要信息。	能用自己的语言较连贯、正确地表述,但有个别语言错误。
C	能概括文章主旨大意,但遗漏部分主要信息。	基本能用自己的语言连贯、正确地表述,但连贯性较差,且有少量不影响表意的语言错误。
D	未能准确概括文章主旨大意,遗漏较多主要信息或留有过多细节信息。	基本能用自己的语言表述,但连贯性较差,且严重语言错误较多。
E	几乎不能概括文章的主旨大意,未涉及文中有意义的相关信息。	几乎不能用自己的语言连贯、正确地表述。
F	完全未作答或作答与本题无关。	完全未作答或作答与本题无关。
说明:作答词数超过 60 个单词,酌情扣分。		

应该指出,高考英语(上海卷)概要写作评分标准的研制是自上而下的专家评判法与自下而上的量表研制法的结合成果。一方面,高考英语(上海卷)专家团队邀请有关语言测试专家,结合现有国内外英语水平能力考试中读写结合测试项目的评分标准,从评分的有效性、分级性和可操作性等方面提炼并确定了概要写作评分标准的两个评分维度,并初步拟定了不同维度上作答表现的描述语,如语言维度的 C 等描述语"基本能用自己的语言连贯、正确地表述,但连贯性较差,且有少量不影响表意的语言错误"从表述的准确、连贯两个方面界定了这一档次的显性特征,并从语言错误的性质进一步说明了评分员在观察作答时的考虑因素,具有较高的操作性。

另一方面,以专家评判法得出的评分标准初稿为参照,沿着量表研制法的一般步骤,针对概要写作的三轮试测作答数据(详见第 1 章 1.2 节有关内容)进行评分,以此收集该评分标准在信效度、区分度等方面的效度证据。该项研究主要得出三个方面的证据。

第一,内容维度和语言维度均可有效、全面地评价考生在概要写作上的作答表现。其中,不同概要写作任务中两个评分维度的相关系数(r)介于 0.30 - 0.40 之间,属于中低度相关,说明内容维度和语言维度具有一定程度的独立性。第二,不同读写能力的考生可由内容维度和语言维度的描述语得到有效区分(分级),分层系数(separation index)与评分标准预设的等第数基本保持一致。第三,评分实践中,评分员使用到了所有的预设等第,且赋分的概率曲线表明,不同等第之间呈现均匀分布的情况,说明预设的评分标准在等第划分上基本等距。

由此,高考英语(上海卷)概要写作的评分标准进入到正式使用阶段。值得指出的是,表 6 - 2 是概要写作评分标准的通用版本。在每次考试中,由于概要写作阅读语篇的内容有所不同,命题专家还会制定更为详尽的评分细则,主要涵盖内容维度上考生应提炼出的主旨和要点,供评分员在评分实践中参照执行。

6.1.2　指导性写作评分标准

指导性写作用于考查考生书面表达的综合能力,要求学生能够根据题意正确、连贯、贴切地进行书面表达。该题指示语用中文撰写,也是高考英语(上海卷)中唯一用中文给出任务指令的题目。指导性写作要求学生根据给出情境或事件等撰写 120 - 150 个单词的英语作文。该题的主题较为贴近考生的校园生活,体裁包含议论文、应用文、记叙文三大类(有关指导性写作的样题可参见例 1 - 10 或例 3 - 1)。

由于高考英语(上海卷)属大规模、高利害考试,因此指导性写作这一主观题的评阅一直以来受到评分质量和评分效率这对矛盾的影响。一方面,若要提高指导性写作的评分效率,整体评分法是较为合适的方法,但是由于这种评分法可能过多依赖评分员对考生写作作答的第一印象,而对评分质量带来不利影响。另一方面,如果采用分项式评分法,则可能由于需要评分员给出多个分项的"小分"而影响效率。加之高考英语(上海卷)主观题均使用双评机制,可能由两位评分员的"小分"差异而导致的三评仲裁率会较高,影响评分效率。因此,高考英语(上海卷)命制专家团队从文献研究和评分实践两个角度探寻答案。

现有文献中,与英语写作评分标准相关的研究大多涉及写作评分过程及分数信度、效度研究。该类研究可大致分为两类：①分项式与整体式评分量表的比较，②写作评分量表维度与权重的讨论。

在关于分项式与整体式评分量表的比较中，研究者普遍认为分项式评分量表能为写作教学提供更详细的诊断性信息，能够更准确地评价受试各方面的能力，提高写作测试评分效度，促进考试公平性；而整体式评分量表则能显著提高评分效率（Barkaoui，2007；Knoch，2011；李航，2015；吴雪峰＆肖杨田，2020）。比如，卡尔（Carr，2000）通过对美国加利福尼亚大学洛杉矶分校校本 ESLPE 考试写作部分评分量表的研究发现，整体式评分量表仅为一种考试构念提供了证据，而分项式评分量表的结果则是多重构念证据的集合。因此，分项式评分量表能够帮助考试方获取有关考生特点的更多信息。类似的是，吴雪峰和肖杨田（2020）将概要写作作答分数，评分员使用分项式量表过程中的有声思维和评分后的半结构式访谈回述结合起来，发现分项式评分量表描述语相比整体式评分量表而言更清晰准确，有助于评分过程的顺利进行。

关于写作评分量表维度与权重的讨论与评分员在评分过程中如何理解和运用评分标准有关。比如，万晓玲（2016）以全国高考英语（全国乙卷）为研究对象，经过问卷调查和高考真题再测作文评分两个步骤，分析并确定评分量表有效维度及其权重，编制出高考英语写作分项评分量表。研究者认为，高考英语写作评分量表应包含文章组织结构、思想内容表达、语言运用（语言的准确性、丰富性和得体性）及写作规范四大维度。除以特定考试为研究对象外，还有研究者从题型角度出发探究了评分效度。比如，吴雪峰、柳烨琛和殷缘（2018）以概要写作题型为研究对象，提出以语言措辞、写作内容、篇章结构为评价维度的分项式评分量表。又如，陈建林（2016）通过多层面 Rasch 模型分析法以及有声思维法收集证据对全国高等院校英语专业八级考试作文评分标准进行了多维度效度验证，并发现现有的三维度评分标准大体上能够反映写作理论构念，且大部分评分员能够有效使用评分标准进行评分，可信度较高。

基于以上文献，综合考虑评分的可操作性和评分效率等因素，高考英语（上海卷）采取了分项式评分的方法，但在双评阈值的选择和控制上则以总分为依据。换言之，即仅当两位评分员给出考生作答的总分超过阈值范围，该考生的作文才会进入到三评仲裁。此外，通过对以上文献的梳理，高考英语（上海卷）指导性写作的评分维度分为 3 项，包括内容（10 分）、语言（10 分）和组织结构（5 分），如表 6-3 所示。其中，内容维度主要针对写作表现的切题度、充实度和立意等评分,如 A 等"内容充实,主题突出,详略得当";语言维度主要针对写作表现中词汇和语法的准确性和复杂度等评分,如 A 等"具有很好的语言表达能力,语法结构正确或有些小错误,主要因为使用了较复杂结构或词汇所致";组织结构主要针对写作表现的衔接与连贯以及多样性等方面的评分,如 A 等"自然地使用了语句间的连接成分,全文流畅结构紧凑。句子结构多样,词汇丰富"。总体而言,不同等第的作文得分依次为:A 类 20 - 25 分,B 类 16 - 19 分,C 类 12 - 15分,D 类 7 - 11 分,E 类 4 - 6 分。

表 6 - 3　指导性写作评分标准

等级	内容(10分)	语言(10分)	组织结构(5分)
A 9 - 10 分 或 5 分	内容充实,主题突出,详略得当。	具有很好的语言表达能力,语法结构正确或有些小错误,主要因为使用了较复杂结构或词汇所致。	自然地使用了语句间的连接成分,全文流畅结构紧凑。句子结构多样,词汇丰富。
B 7 - 8 分 或 4 分	内容较充实,能表达出作文要求。	具有较强的语言表达能力,语法结构和词汇的应用基本正确,错误主要因为尝试较复杂结构或词汇所致。	能使用语句间连接成分,全文流畅结构紧凑。句子结构多样,词汇较丰富。
C 5 - 6 分 或 3 分	内容基本充实,尚能表达出作文要求。	有一些语法结构和词汇方面的错误,但不影响理解。	能使用简单的语句间连接成分,全文内容连贯。句子结构有一定的变化,词汇使用得当。
D 3 - 4 分 或 2 分	漏掉或未能写清楚主要内容,有些内容与主题无关。	语法结构与词汇错误较多,影响了对内容的理解。	尚能使用语句间连接成分,语言连贯性较差,句子结构单调,词汇贫乏。
E 1 - 2 分 或 1 分	明显遗漏主要内容,严重离题。	语法结构与词汇的错误很多,影响了对内容的理解。	缺乏语句间的连接成分,语言不连贯。词不达意。

说明:
(1) 若作答词数少于 70 个单词,总分最多不超过 10 分。
(2) 评分员应先根据文章的内容和语言初步确定所属档次,然后对照相应的组织结构档次给了加分。其中,内容和语言两部分相加得 15 分或以上者,可考虑加 4 - 5 分,15 分以下者只能考虑加 0、1、2、3 分。

二十余年的评分实践证明,高考英语(上海卷)指导性写作的三个维度和五个得分档次能有效地评价考生的写作作答,可有效区分不同水平考生在写作能力上的高低,并且在评分可操作性上较为理想。值得指出的是,高考英语(上海卷)指导性写作的评分标准虽然是分项式评分,但也曾发生过一些改变,主要是将内容、语言和组织结构的比例从 10∶12∶3 调整为 10∶10∶5。这一调整的主要考量和初衷是纠正中学英语教学中一定程度上存在的重语言、轻内容的现象,并通过修改评分标准对中学英语教学起到一定的正向反拨作用。

6.1.3　写作评分员研究

上文论述了有关高考英语(上海卷)概要写作和指导性写作的评分标准研制和研究工作,但评分标准的落实,即评分员准确使用评分标准仍是评分效度的重要内容。本节主要报告一项由评分员人员构成变化而引发的实证研究。

长久以来,由于考虑到评分工作开展的便利性,高考英语(上海卷)指导性写作由具有一定评阅经验的高校教师评分。然而,随着 2017 年高考招生制度改革落地,"一年两考"后的高考英语(上海卷)阅卷工作加重,因而 2017 年之后,部分上海市普通高中的优秀骨干英语教师也加入到相关的主观题评阅工作中来。由于高校英语教师和高中英语教师的授课对象不同,在对学生的英语语言能力方面的理解和期待也可能存在差异,因此有可能造成评分标准使用不准确,不同评分员群体产生局部误差的问题。为解决这一问题,高考英语(上海卷)命题专家组开展了一项实证研究,主要考查高考英语(上海卷)不同背景的评分员(高校英语教师和高中英语教师)在指导性写作评分上的偏差程度。下文详述该研究的有关设计和发现。

【评分对象】选取某年高考英语(上海卷)指导性写作作答共 36 篇。这些作文经过双评后的得分分布基本符合整体考生在这一项目上的得分分布。

【评分人员】选取曾参加过高考英语(上海卷)指导性写作评分的评分员共 18 位。其中,9 名评分员为高校英语教师(主要为英语专业教师,编号为 1 - 9),9 名评分员为高中英语教师(编号为 10 - 18)。具体人员构成信息如表 6 - 4 所示,高校英语教师中 7 人具有博士学位,高级职称(副教授及以上)为 3 人,平均教龄为 12.3 年;高中英语教师中 1 人具有博士学位,高级职称(中学高级及以上)为 5 人,平均教龄 16.3 年。从中可见,本项研究中高校评分人员的学历普遍较高,而高中评分人员的平均教龄较高。

表 6 - 4　评分员背景信息

编号	来源	专业背景及职称	教龄(年)
1	高校	英语语言文学博士,副教授	14
2	高校	英语语言文学硕士,副教授	23
3	高校	外国语言学及应用语言学专业博士,讲师	6
4	高校	英语语言文学博士,讲师	7
5	高校	教育学博士,讲师	4
6	高校	教育学博士,讲师	2
7	高校	英语语言文学博士,教授	23
8	高校	英语语言文学博士,讲师	10
9	高校	英语语言文学硕士,讲师	22
10	高中	课程与教学论硕士,中学高级	16
11	高中	翻译本科,中学一级	9
12	高中	英语语言文学硕士,中学一级	10
13	高中	教育学博士,中学高级	26
14	高中	课程与教学论硕士,中学高级	20
15	高中	英语本科,中学正高级	31
16	高中	英语本科,中学高级	17
17	高中	课程与教学论硕士,中学一级	12
18	高中	英语本科,中学一级	6

　　【研究过程】评分员在明确研究目的的基础上,对相同的 36 篇作文按照指导性写作的评分标准完成评分。通过多层面 Rasch 模型分析,得出评分员(rater,编号为 1-18)、评分标准(level,等第为 A-E)以及考生写作作答(examinee,每个 * 代表一名考生的写作作答)在同一洛基标尺(logit scale)的比较结果。进而分析高考英语(上海卷)的评分员背景是否在评分结果上存在松紧度差异。

　　【研究结果一】图 6 - 1 显示了写作评分中内容维度(满分为 10 分)的 Wright map。由图 6 - 1 可见,评分员编号为 6、8、15(高校和高中英语教师均涉及)较严厉,编号为 12、13、17(均为高中英语教师)较宽松。评分标准的分级级差较为均称,考生作答的表现分布较宽。总体而言,评分员的评分结果分布介于 [-1,1]洛基值内,说明所有评分员不存在显著的松紧度差异,因此可以从很大程度上证明,评分员背景的改变并未影响到评分结果。

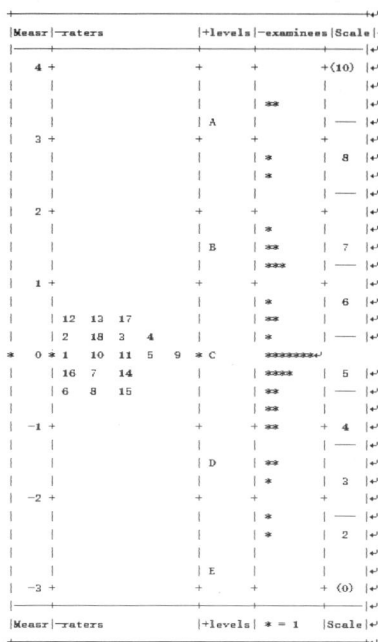

图 6-1　写作内容维度的评分 Wright map

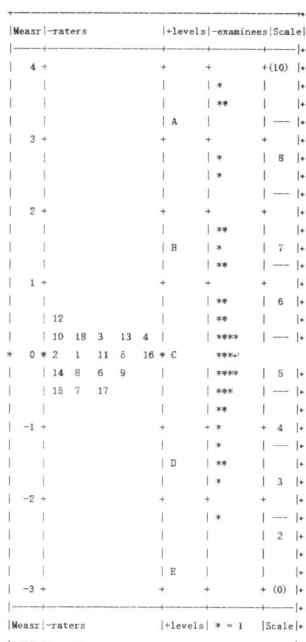

图 6-2　写作语言维度的评分 Wright map

【研究结果二】图 6-2 显示了写作评分中语言维度(满分为 10 分)的 Wright map。由图 6-2 可见,评分员编号为 7、15、17(高校和高中英语教师均涉及)较严厉,编号为 12(高中英语教师)的评分员较宽松。评分标准的分级级差较为均称,考生作答的表现也分布较宽。但与图 6-1 相比较,语言维度上的评分结果要比内容维度上的评分结果整体偏高,说明评分员普遍在内容维度上有较高的要求。总体而言,由于评分员在内容维度的评分结果分布介于[-1,1]洛基值内,因此所有评分员在这一维度也不存在显著的松紧度差异,评分员授课群体的改变并未影响到评分结果。

这项实证研究证明,虽然参加高考英语(上海卷)指导性写作的评分员组成在授课背景和学缘结构上发生了较大变化,但这一变化并未导致评分结果存在显著性偏差,亦不会导致考试主观题评分的不公平。具体而言,高校英语教师和高中英语教师在评分过程中均存在一定的松紧度,但并不具有统计学意义上的差异,这在很大程度上为高考英语(上海卷)的评分效度提供了证据。

6.1.4　写作评分效度展望

肖和韦尔(Shaw & Weir,2007)曾指出,在大规模、高利害的写作测试中,考试分数对考生有重要意义,因此对评分效度进行举证能有效帮助语言测试研究者、考试开发者等了解考试信度和效度,重视构建更加多维深入的评分效度证据链(吴雪峰、肖杨田,2020)。

虽然高考英语(上海卷)在评分标准、评分员和评分流程方面进行了评分效度的举证,但囿于考试数据的保密性原则,部分关于评分效度的实证研究,如考生作答的文本特征与评分标准之间的相关性等,无法在本书中一一呈现。结合现有的评分效度文献,高考英语(上海卷)将在研究内容和研究方法两个方面展开进一步的工作,为评分效度继续举证,以下是两个方面的研究展望。

研究内容上,高考英语(上海卷)的评分效度研究将更加关注评分员行为,特别是影响评分员评分结果的内在和外在因素,包括评分风格、疲劳时段、对考生字迹和卷面的容忍度等。以评分风格为例,借助眼动追踪技术,研究者可以判断不同评分风格(如仅对考生作答的部分文字有明显的兴趣区停留,或是对考生作答的所有内容有较为均等的眼跳痕迹)对评分结果和评分效率的影响和交互效应。又如,出于个体差异因素,评分员疲劳(rater fatigue)近年来也是众多大规模考试开发者重点关注的议题。如果能有效控制评分员的疲劳节点和评分效率,可在很大程度上提高阅卷效率,进而为评分效度举证。再以对考生字迹和卷面的容忍度为例,研究者可以让同一批评分员在一定的时间间隔基础上(大幅度降低记忆因素)评阅考生手工书写的作文及其已数字化的作答,从得分上研究评分员对不同手写体和打印体的反应是否存在显著性差异。此外,多语言技能融合的综合型测试任务已成为语言测试的显著特征之一(金艳、张晓艺,2013)。高考英语(上海卷)也可从评分效度的角度为写作测试中的概要写作举证,特别是评分员如何认识并把握考生对源文信息的处理方式及其对评分结果的影响等。

研究方法上,有两种方法在评分过程以及评分标准的研究中得到了较多的运用。一种是多层面 Rasch 模型(Multi-Facets Rasch Model,简称 MFRM),另一种是有声思维法(Think-aloud Protocols,简称 TAPs)。前者属于定量分析方法,采用这种方法可以将评分员评分的严厉与宽松程度、测试项目的难易度、受试能力的高低、评分标准各个尺度的难易度以及其他影响评分效度的因素在同一洛基标尺下展现,因而被许多研究者所采用(如 Bachman,2016;Lumley,

2002;李航,2011;张洁,2009 等)。TAPs 可用于作文评分过程研究,且有许多优势。比如,与访谈和问卷相比,这种方法可反映评分员评分过程中的思维变化,即实际怎么进行评分、评分思考的维度和因素,而不是评分员认为自己做了什么或思考了什么(Huot,1998)。然而,TAPs 也存在一些不足,除数据收集、标注分析过程较为繁琐外,这种方法在真实性和反作用性上也受到诟病(Barkaoui,2010),即有声思维并不能全面反映评分员的思维过程,仅可作为一种事后刺激性回溯访谈工具,有声表达会改变受试的思维方式。尽管有研究表明 TAPs 的确存在以上所说的不足,但是该方法在评分效度研究方面大有用途。例如,研究者可用其分析评分员在评分过程中的关注点(Vaughan,1991);用于调查在评分过程中经验丰富的评分员与新手之间所表现出的差异(Huot,1998);研究评分员背景对评分过程以及评分标准使用的影响(Erdosy,2014)等。此外,主成分分析、半结构式访谈等具体方法也多有被研究者采用(Becker,2018;Deygers & Van,2015;万晓玲;2016)。基于更为细化的研究目标,以上这些研究方法可有效地用于高考英语(上海卷)的评分效度研究,为考试的评分效度开展一系列的效度举证工作。

6.2　听说测试评分

如第 2 章所述,2017 年新一轮高考招生制度落地后,高考英语(上海卷)听说测试正式计入总分(徐雯,2021)。由于听说测试以多批次人机对话方式实施,使得考试安全管理内容变得丰富而复杂,其重要性和高利害性也不言而喻(吕鸣,2017)。本节将在简要介绍高考英语(上海卷)听说测试情况的基础上,介绍与高考英语(上海卷)听说测试相关的评分效度研究和其他类似听说测试的评分效度研究,并在此基础上提出有关高考英语(上海卷)听说测试效度研究的展望。

6.2.1　高考英语(上海卷)听说测试

高考英语(上海卷)听说测试包括"说"和"听说"两个环节,试卷原始分 20分,折合成 10 分计入高考总分,占总分 6.7%。考试采用人机对话形式,实际考试时间为 20 分钟。听说测试为新高考改革后的新增内容,试卷结构为两大部分,六个小项,试题结构和相关情况如表 6-5 所示。

表6-5 高考英语(上海卷)听说测试一览表

大题结构		题目数量(题)	计分(分)	时间(分钟)
说	朗读句子	2	2	20
	朗读短文	1	2	
	情景提问	2	4	
	看图说话	1	3	
听说	快速应答	4	4	
	听短文回答问题	2	5	
合计		12	20	20

上海市教育委员会(2004)曾指出,基础教育阶段的学生学习英语的主要目的是能在学习和生活中使用英语进行交流。学生在生活中使用英语的场景可能包括向他人询问信息、回答信息、叙述或描写一个场景或表达观点等,而高中毕业生需要能具备用英语实现一定交际目的的能力。基于上述考量,高考英语(上海卷)听说测试在设计之初主要考查考生的口头表达能力:能运用所学的语音知识和朗读技能,用正确的语音和语调朗读句子和文章;能运用所学的语言意念、功能,根据情景要求进行询问以获得所需要的信息;能对人或事件进行口头描述、解释或评述;能听懂日常会话用语,并对此作出应答;能根据所听材料内容回答问题,并表达个人的观点、感受或作出评论(详见附录)。虽然高考英语(上海卷)听说测试自2017年才计入高考录取总分,但这些考核目标自听说测试于21世纪初开考以来一直延续至今,且有关题型所针对的考试目标始终没有发生过重大改变(有关考试题型与对应的考核目标可参见表1-5)。具体而言,高考英语(上海卷)听说测试的各题型详解如下。

第一,朗读。其中,朗读句子要求考生在30秒准备时间后,各用15秒时间朗读屏幕上出现的2句句子(一短一长);朗读短文要求考生在60秒准备时间后,用30秒时间朗读屏幕上出现的1段段落(约100个单词)。朗读的这两个部分侧重考查考生的语音、语调、语气、重音、节奏和意群停顿、爆破、弱读、词的重音、句子的重音和节奏等朗读技巧。

第二,情景提问。要求考生根据所给的两个不同情景,分别提2个问题;要求其中一个问题为一般疑问句,另一个为特殊疑问句,且两个问题的答案不能相同。问题1-2为情景一;问题3-4为情景二。每个问题的提问时间为10秒。

本题侧重考查考生对所给情景中不同信息进行提问的能力。

第三,看图说话。要求考生描述屏幕中一组 4 幅图片。屏幕会依次显示放大每一幅图片,最后再回到总画面。随后,考生将有 1 分钟的准备时间,然后用不少于 45 秒的时间对图片进行描述(首句已给)。要求考生至少讲 5 句话(不含首句)。该题主要考查考生的描述是否能做到内容切题,语言连贯,层次分明,用词得当,句子结构正确,语音语调准确、自然和流畅。

第四,快速应答。要求考生根据听到的内容在规定时间内迅速完成恰当的应答。该部分共有 4 道题(屏幕显示对话者,但不显示题目)。每道题的答题时间为 4 秒。本题主要考查考生对日常生活中功能性语言的掌握。考生只需要对情景做出快速合理的反应即可,及时给出正确的答句,无需展开回答过多详细内容。

第五,听短文回答问题。要求考生听一篇短文(播放 2 遍),然后回答 2 个问题。问题会呈现在屏幕上,通常第 1 个问题是基于短文内容的提问,第 2 个问题是开放型问答。考生将有 30 秒时间准备第 1 个问题的作答;然后有 1 分钟时间准备第 2 个问题的作答。在回答第 2 个问题时,考生的作答应至少包含 3 个句子。该题主要考查考生的听力理解和口头表达的综合能力。

就以上高考英语(上海卷)听说测试的题型及其对应的考核目标而言,听说测试的评分既需要考虑到听说测试的任务特征,也要兼顾这些任务所引发的主要评分观测点。因此,高考英语(上海卷)听说测试采用了以大题为单位的整体性评分法。一方面,这种做法可提升评分效率,评分员只对考生作答的整体情况给分。另一方面,由于评分员只对本大题的听说测试作答负责评分,因此不会存在大题与大题之间的干扰,造成晕轮效应(halo effect),在一定程度上保障了评分效度。

此外,高考英语(上海卷)听说测试的阅卷采用人工评阅和智能阅卷系统评阅相结合的方式,阅卷流程如图 6-3 所示。

首先,由评分员对每一套试题中所选取的样本完成正常程序的两评,阅卷结果供智能阅卷系统学习,这一过程称为制定标准卷,或定标。在设定具体的评分标准并提供尽可能多的参考答案后,智能阅卷系统再次充分学习定标结果,并完成另一部分样本的试阅。机器阅卷的结果由专家进一步论证,确保智能阅卷系统学习效果良好,并能够很好地运用这一学习结果所产生的逻辑。完成以上两个步骤后,由评分员和智能阅卷系统分别完成每一位考生作答的一评和二评,如

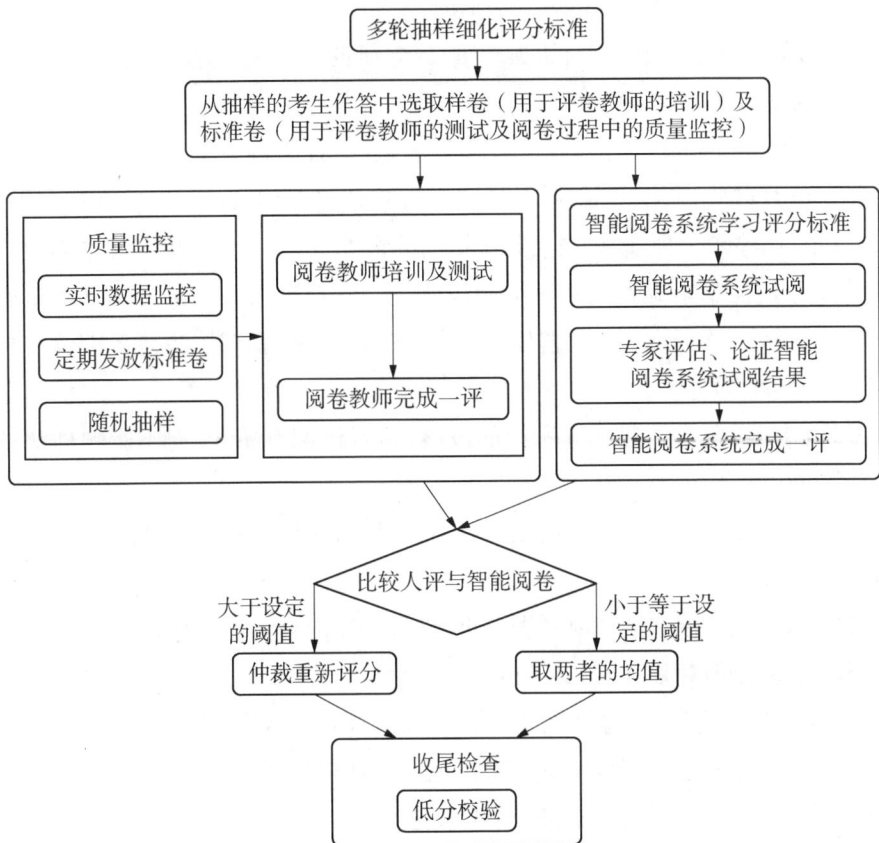

图 6-3 高考英语(上海卷)听说测试阅卷流程(改编自徐雯,2021)

两评误差在设定的阈值范围内,则直接取均分;如超过阈值范围,则由仲裁评分员对该考生的此项任务作答进行重新评分。

6.2.2 听说测试评分标准

基于英语口语测试的有关文献,高考英语(上海卷)专家团队研制了听说测试的评分标准,具体如下。

1. 朗读句子(每句 1 分,共 2 分)

【1分】能流利朗读所给句子;发音清楚;语音语调节奏正确;能正确处理句子重音、意群停顿;并熟练掌握连读、失爆等朗读技巧;在整句朗读流利且重音、停顿合理,朗读技巧熟练运用的情况下,如有个别单词读错不扣分。

【0.5 分】能基本读出所给句子,语音语调有错误,但不影响理解;第 1 句读

错 2-3 个单词；第 2 句读错 2-5 个单词。

【0 分】不能朗读或朗读时错误严重，以致所读内容无法理解。

2. 朗读短文(共 2 分)

【2 分】能流利朗读所给的段落；发音清楚；语音语调节奏正确；能正确处理句子重音、意群停顿、语气转换；并熟练掌握连读、失爆等朗读技巧；在整句朗读流利且重音、停顿合理，朗读技巧熟练运用的情况下，如有个别单词读错不扣分。

【1.5 分】能基本流利朗读所给的段落；发音清楚；语音语调节奏基本正确；能基本正确处理句子重音、意群停顿、语气转换；并掌握连读、失爆等朗读技巧；有 2-4 个单词读错。

【1 分】能以正常语速朗读所给的段落，语音语调有错误，但不影响理解；有 3-5 个单词读错。

【0.5 分】能基本读出所给的段落，语音语调有错误，但不影响理解；有 6-10 个单词读错。

【0 分】不能朗读或朗读时错误严重，以致所读内容无法理解。

3. 情景提问(每题 1 分，共 4 分)

【1 分】能对所给的情景进行提问，内容恰当，问句结构正确。

【0.5 分】提问基本符合情景要求，但语言结构有错误。

【0 分】不能提问或提问不符合情景要求。

(对同一情景问两个一般疑问句，第二个问题得 0.5 分；两个问题针对同一信息，第二个问题得 0.5 分；问两个特殊疑问句不扣分。)

4. 看图说话(共 3 分)

【3 分】能有条理地、完整地叙述一个主题，内容与图片相符；表达清楚，叙述连贯流畅；语言结构和用词符合交际要求；语音正确。

【2.5 分】能有条理地、完整地叙述一个主题，内容与图片相符；表达基本清楚，叙述基本连贯流畅，但有较少的表达错误；语言结构和用词基本符合交际要求；语音正确。

【2 分】能连贯地叙述一个主题，内容基本与图片相符；语言结构与用词有错误，但不影响整段意义的表达与理解；语音基本正确。

【1.5 分】能较连贯地叙述一个主题，内容基本与图片相符；语言结构与用词有错误，但基本不影响整段意义的表达与理解；语音基本正确。

【1 分】能讲述几句，但主题不清楚，内容不连贯；与图片关系不大，叙述中大

多数语言结构混乱,用词不正确;语音错误严重,使人理解困难。

【0.5 分】只能讲述 1 句

【0 分】没有答题或答题内容与图片内容无关。

5. 快速应答(每题 1 分,共 4 分)

【1 分】能对所给的情景应答,内容正确,且基本符合英语表达习惯。

【0.5 分】应答内容正确,语言表达有些错误。

【0 分】应答内容不正确。

6. 听短文回答问题(共 2 题,第 1 题 2 分,第 2 题 3 分,共 5 分)

Question 1(2 分)

【2 分】能根据题目要求进行回答;内容贴切、完整;语言基本正确。

【1 分】尚能根据题目要求进行回答;内容不完整;语言虽有错误,但不影响理解。

【0 分】不能根据题目要求进行回答。

Question 2(3 分)

【3 分】能连贯流畅地表达思想;内容切题;语言正确。

【2.5 分】能连贯流畅地表达思想;内容切题;语言基本正确,但有个别错误。

【2 分】基本能连贯完整地表达思想;能针对题目谈话;语言虽有一些错误,但不影响理解。

【1.5 分】基本能连贯完整地表达思想;能针对题目谈话;语言虽有部分错误,但基本不影响理解。

【1 分】不能连贯完整地表达思想;语言错误较多,使人理解困难。

【0 分】没有答题或答题内容与试题无关。

　　然而,虽然在高考英语(上海卷)听说测试的评分环节已投入了大量的人力和物力,从人工评阅和智能评阅系统两个方面通过多轮矫正和机器学习的方法提升评分的精准度,但是现有对高考英语(上海卷)听说测试评分标准的研究数量依然有限,关于评分标准的实证研究,如评分标准的效度验证和使用情况等数量极少。究其原因,主要体现在以下两个方面。

　　一方面,听说测试占整卷的比重较小,相关评分标准的验证主要从可操作性角度展开。评分标准的研制以专家判断为主要方法,并沿用至今。从 2000 年起,上海市以为高校外语及相关专业招生提供选拔参考为目的,率先采用计算机辅助的方法进行口语测试。在实际操作过程中,评分环节仍然由人工完成。为保证评分人员对评分标准的理解和把握,当时的高考英语(上海卷)听说测试作为独立项目,制定了科学、简洁、易于操作的三级评分量表,并借助计算机技术进行实时监控,但缺少对于双评误差检验、强制培训卷定时发放、规定最少阅卷时间等方面的技术支持(徐欣幸,2005)。因此,对于听说测试评分标准的研究并未系统设计并实施,评分结果由于不计入总分,因而评分一致性的举证也不多。

另一方面,2017 年后,高考英语(上海卷)听说测试正式计入高考总分,相关的评分效度举证主要从评分精度展开,特别是如何提高智能阅卷系统的评分信效度。而由于听说测试评分标准沿用至今尚无操作层面的问题,因此相关的验证性研究不多。根据机器学习理论,智能系统是否能评出合理的分数取决于其前期学习是否到位(徐雯,2021),而高考英语(上海卷)命题专家组在启用智能阅卷系统前已开展了大量的准备工作。一方面,他们将多年的考生音频文件供智能阅卷系统学习,让系统能够具备充分识别目标考生英语发音的能力,提高其语音识别的准确性和敏感度。另一方面,命题专家组利用 2017 年高考英语(上海卷)"一年两考"之前(2014 年至 2016 年三年间)高中英语学业水平考试听说测试的考生作答数据来训练智能阅卷系统,使得其算法和逻辑等能初步适应听说测试。除了调试智能阅卷系统外,命题专家组还在每一次考试中尽可能细致地设定参考答案及详尽的评分标准和细则,重视定标及专家论证环节,确保听说测试的阅卷评分环节良好运行(吕鸣,2015)。为更好保障高考英语(上海卷)听说测试的评分环节,在考试环节优化听说测试,语音检测组件技术被应用于考生的实时作答之中。在一场听说测试收卷后,便可将录音异常(如有任一个小题的考生录音声音不清晰或不完整)的答卷实时检测出来。如存在录音设备等硬件问题,可安排考生当即重考,而非事后追溯。实践证明,语音检测组件能非常有效地检测出可疑异常作答,便于考场当即处理。

然而,随着高考英语(上海卷)听说测试后效研究的不断推进,听说测试中的不少短板也有所暴露,现有的听说测试在一定程度上已无法完全满足新的历史发展时期对高校人才的有效选拔(详见本书第 9 章的有关内容)。因此,在高考英语(上海卷)新一轮的听说测试题型调整后,有必要对现有的评分标准进行相应的调整,并对其效度进行相关举证。

6.2.3　听说测试评分员行为

应该指出,与高考英语(上海卷)写作测试评分员的相关研究相比,听说测试评分员的相关研究较为鲜见。而听说测试评分员与写作测试评分员类似，由于个体因素的差异以及外在环境的影响，在评分员个性特征、评分员评分过程和评分员评分方法等方面只有少量的研究文献。具体而言，这类研究可分为以评分员为核心的评分效度研究和以技术为核心的评分效度研究，以下分别详述。

第一，以评分员为核心的评分效度研究。由于听说测试的作答多为主观题，其评分效度研究中也有不少是基于评分员评分的过程和方法展开的。评分员需公正地评估考生的作答表现，确保评估结果既准确又客观。但事实上，要做好这点并非易事，因为评分员在评卷过程中常受自身喜好、习惯、心理期望等因素影响（Kumar，2005）。这些"偏见"可能会导致评卷误差，从而影响整个评卷系统的信度和效度。比如，刘建达（2010）以口语测试为例，从五个侧面（即评卷总体严厉性、集中趋势、随机效应、晕轮效应、不同严厉度）展示了如何利用多层面Rasch 模型分析评分员效应。研究证明，在具体评卷过程中，评卷组组长可以通过 Rasch 分析，实时掌握评分员的评卷情况，发现评卷人效应问题，并对于出现严重问题的评分员进行及时提醒、再培训甚至更换，从而更好地提高评卷质量。然而，基于 Rasch 模型的量化研究结果却无法很好地展现评分员的阅卷过程，因此在研究设计中还需要借助更多的效度验证工具。比如，评分员评分过程口头报告能帮助研究者结合评分标准找到评分员评分过程中的有效评分维度。柳明明（2015）通过分析找到了"复述内容""语言运用"和"口头表达"三项全国高考口语测试的有效维度。同样，高淼（2016）认为"语音语调""准确性""交际有效性"和"任务完成度"为北京市英语中考口语测试的四个有效维度。此外，还有研究者采用了分数分析的方式，对评分员评分偏差、集中趋势等进行探讨，并结合考试构念、问卷及访谈进一步解释数据（如范劲松、季佩英，2015；杨志强、全冬、陈刚，2020；等等）。

第二，以技术为核心的评分效度研究。在评分技术逐步智能化的进程中，研究者往往会比较人工评阅和机器评阅的各个方面。比如，管彦琪（2019）通过相关性分析、一致性分析和回归分析等统计方法，比较了 2013 年广东省高考计算机化英语听说考试人工评分与计算机自动评分的信效度。研究发现，自动评分与人工评分的一致率达 96.65%，超过国际上通用的英语口语自动评分系统的水平；自动评分比人工评分的敏感度高，更能显示出考生英语口语水平的差异。金艳等（2020）为验证大学英语四级口语考试（CET-SET4）自动评分系统的有效性，采用基于论证的评分效度论证框架，聚焦评估、概化以及解释等三个推论，通过人机评分的对比及专家对各等级考生的典型口语特征描述,论证该评分系统的效度。该研究还发现,机器评分对于不同的语言特征敏感度不同,对语言准确性以及内容的相关信息和丰富度特征比较敏感,对考生的语音能力和策略运用等区分能力较差。这一类将人工评分和机器评分进行对比的效度验证研究能够帮助考试设计者找到未来技术发展方向,提高机器评分效度。

在人工智能技术不断发展的背景下,考试开发者在评分环节也可通过增加智能机器评阅来提升评分效度。根据吕鸣(2015)对高考英语(上海卷)听说测试人工评阅和机器评阅的比较分析发现,在大多数题块中,机器评阅与人工评阅的结果70%左右完全一致,评阅结果误差为1分的比例为96%左右,且机器评阅的结果更接近最终的仲裁分。这对今后听说测试评阅逐步转向人工智能评阅提供了有力的证据支撑。

随着技术的进一步发展,人工智能参与高考评阅的比重会增多。比如在数学学科中,通过增加数据交换接口和验标集专家评分功能模块,何屹松、孙媛媛、江光贤、张凯(2021)验证了高考数学填空题人工智能评分参与评阅的有效性,发现人工智能评阅结果与人工评阅的一致性可超过99%。虽然高考英语(上海卷)听说测试存在一定的特殊性,但人工智能评分的应用场景会更进一步扩大,且在部分"半客观题"题块中可采用计算机替代人评,为探索高考英语(上海卷)听说测试以及其他项目的评卷新模式,对评分效度进一步举证。

6.2.4 听说测试评分效度的展望

总体而言,无论是聚焦高考英语(上海卷)的听说测试的评分效度相关研究,还是关注到其他考试口试环节的评分标准研究,大多研究所探讨评分过程是对最新技术的基础信度和效度的检验,较少有研究涉及评分标准的制定和验证。因此,展望未来,高考英语(上海卷)听说测试评分效度的研究主要可从以下两个方面进一步展开有关研究工作。

第一,在研究内容上,高考英语(上海卷)听说测试的评分效度研究应更加关注评分标准的验证和分数报告研究。近二十年来,国外有关口试评分效度的研究涵盖面较广,比如评分员及其背景对评分结果的影响(Kim,2015)、口试自动评分及效度验证(Wang, Zechner & Yu, 2018)、评分标准的构建及效度验证(Fulcher, Davidson & Kemp, 2010; Galaczi et al., 2011)等。相较国外,国内口语测试研究虽然起步较晚,但研究内容多涉及口语自我评价研究(邹甜甜、杨跃,2015)、口语能力量表的研究(杨惠中、朱正才、方绪军,2011)、评分员效应的研究(刘建达,2010)等。无论是基础教育还是高等教育,无论是高利害还是低利害英语口语测试,通常均能找到与评分效度验证相关的实证研究。因此,对高考英语(上海卷)的评分标准开展评分效度举证尤为重要。

此外,也有研究者(如付艺、袁群,2018)在综述类研究中指出,口语考试评分环节采用等级制来报告分数可有效淡化考生"分分计较"的预期心理,减轻考生的课业与考试负担。这样既兼顾考生个体语言听说能力发展的不平衡,又满足了高校不同专业的入学需求,还方便评分实践。高考英语(上海卷)听说测试在2017年之前通过事先对不同比例的考生的作答表现赋分,采用等级制的报告方式来呈现结果。但由于2017年后听说测试计入总分,不再报告单项分,因此考生无法获悉自己的听说测试表现,这对部分高校人才选拔也带来一定挑战。如某考生总分高于志愿高校的投档线,而听说测试成绩较低;但由于高考英语(上海卷)不再报告听说测试单项分,因此该高校可能无法录取到真正合格或满意的学生。因此,如何调和这对矛盾,既考虑到高考英语(上海卷)成绩报告的整体性,又兼顾部分外语专业和涉外专业对考生听说能力考查的迫切需要,是今后摆在研究者面前的重要课题。

第二,在研究方法上,听说测试的相关研究大都采用定量研究方法,辅以定性方法,数据主要来源于评分结果即考生口试所得分数。然而,仅以成绩作为研究对象可能会造成对评分过程的片面理解(Lazaraton,2018)。自20世纪90年代以来,语言测试领域的研究兴趣开始从定量研究转向定性研究,有声思维或回溯访谈等定性分析方法被用于观察和分析评分员决策行为以及评分有效因素(王海贞,2011)。泰勒和高洛齐(Taylor & Galaczi,2011)特别强调,口语测试的设计开发者有责任对其采用的测量手段进行论证以在最大程度上确保评分效度。随后,高洛奇等(Galaczi et al.,2011)在修订英国剑桥大学语言测评考试院开发的剑桥国际英语认证和剑桥商务英语证书口试评分标准过程中,构建了集专家咨询、质性研究和量化研究为一体的评分标准验证模型。其中,专家评分员的评判是评分标准构建的基础,专家评分员在实际评分过程中的口头报告是对评分标准进行验证的重要质性研究数据来源。因此,高考英语(上海卷)在现有的基础上还可从有声思维或回溯性访谈的方法入手,通过深入探究口语评分过程中评分员与评分标准之间的交互关系,为现有的评分标准举证。

在评分组织方面,为提高评分效度,高考英语(上海卷)考试组织者采取了各种方法,如评分员培训、评卷监督、增设智能评分辅助等。这些措施对保证评卷质量固然能起到一定作用,但不管如何培训,评分标准如何详尽,评卷误差始终是存在的,只是程度不同而已(Bonk & Ockey,2003;Lumley & McNamara,1995;刘建达,2010),因为评卷是一种复杂的、易出误差的认知过程(Cronbach,1990)。因此,高考英语(上海卷)的评分效度还应围绕提升人工评分和机器评分的精度展开。

展望未来,高考英语(上海卷)听说测试评分效度可以继续在了解国内外其他英语考试听说测试运行模式、评分过程的基础上进一步拓展验证方法,结合计算机技术、人工智能技术等构建更多维、深入的效度证据链。比如,针对现有部分题型交际交互性较弱的问题,可以在命制中嵌入人工智能技术开展真正意义上的人机对话,并对作答的评分进行评分效度研究。在研究主题上,除对评分过程以及分数意义进行分析外,也可对评分员在评价考生表现时的决策过程、评分的稳定性等展开研究,得出更能体现考试公平性的听说测试评分标准和人机评分员评分路径。

第7章　高考英语（上海卷）的效标关联效度：专家审查视角下的听说测试

　　高考英语(上海卷)作为一项大规模高利害考试,往往需要研究人员通过不断地收集多方效度证据来对考试的效度举证,说明测试结果使用的合理性,保证不同次考试在结果上的可比性和稳定性(潘鸣威,2016;郑方贤、徐雯,2019)。如第2章所述,效标关联效度正是考查一项考试与测量相同能力的外部效标的关联度,这对检测考试的可比性和稳定性大有裨益。但参照何种外部效标(如语言能力标准等)是研究者首先需要完成的重要任务。

　　2018年,我国先后颁布了两部重要的外语能力标准类文件——《普通高中英语课程标准(2017年版)》(中华人民共和国教育部,2018,本章中简称《课标》)和《中国英语能力等级量表》(中华人民共和国教育部、国家语言文字工作委员会,2018,本章中简称《量表》)。前者针对我国普通高级中学的高中学段,系统性地提出了英语学科核心素养中语言能力在听、说、读、写、看等维度上的要求(梅德明、王蔷,2018)。后者以中国英语学习者和使用者为对象,通过书面理解与表达、口头理解与表达、组构知识、语用知识等维度描述了不同水平级别的英语语言能力(刘建达、韩宝成,2019)。

　　本章以专家审查为视角,通过对标《课标》和《量表》有关口头表达能力的描述,分析高考英语(上海卷)听说测试构念在外语能力标准上的相关性和覆盖面,得出听说测试在多大程度上符合两部重要语言能力标准的相关考核要求,并在此基础上对今后高考英语(上海卷)听说测试在施考模式、题型设计等方面提出一些思考和建议。

7.1　外语听说能力标准

　　外语能力标准自然包含外语的听说能力,是对外语学习者和使用者外语能力从低到高的一系列描述，它贯穿于外语教学诸环节之中，是外语教学目标或评价目标的参照或依据（韩宝成、常海潮，2011）。因此，外语能力标准对检测大规模高利害考试的效度至关重要。《课标》作为高中英语学科的课程标准，规定高考英语的语言能力应该对标学业质量水平二（以下简称水平二）的要求（中华人民共和国教育部，2018）。但由于水平二已经包含了学业质量水平一（以下简称水平一）的相关要求，本章将一并讨论。《量表》在涉及与学段的对应关系时指出，普通高中毕业生参加高考的英语能力应基本达到《量表》四级的相关要求（刘建达、吴莎，2018）。由于本章聚焦高考英语（上海卷）听说测试，就能力构念而言，主要涉及口头表达能力，因此以下分别梳理《课标》水平一、水平二以及《量表》四级关于口头表达的能力描述。

7.1.1 《课标》中的口头表达能力

《课标》水平一的口头能力概述为：学生应"使用所学的语言知识和文化知识，有效运用学习策略……能以口头或书面形式陈述事件、传递信息、表达观点和态度等"；水平二进一步明确：学生应"综合运用学习策略……能以口头或书面形式陈述事件、传递信息、再现真实或想象的经验、阐释观点和态度等"（梅德明、王蔷，2018：171－172）。具体涉及口头表达能力描述可概括为"做事""交际""策略、语言与文化"三个维度。

表 7－1　《课标》学业质量水平一和水平二的口头表达能力描述汇总分析

	维度	描述	关键信息
水平一	做事	能简要地口头描述自己或他人的经历，表达观点并举例说明。	关键能力：描述、说明/介绍；做事对象：经历、观点、文化传统和背景。
		能口头介绍中外主要节日等中外文化传统和文化背景。	
	交际	在口头表达中，能根据交际场合和交际对象的身份，选择恰当的语言形式（如正式或非正式、直接或委婉的表达方式），表达意义、意图和情感态度；能借助手势、表情、图表、图示等非语言手段提高表达效果。	交际场合：正式与非正式、直接与委婉等；交际手段：非语言。

（续表）

	维度	描述	关键信息
水平一	策略、语言与文化	能通过重音、语调、节奏的变化，表达特殊的意义、意图和情感态度；	语音策略、交际策略。
		能通过重复、解释、提问等方式，克服交际中的语言障碍，保持交际的顺畅。	
水平二	做事	在比较复杂的语境中，能口头<u>描述</u>自己或他人的<u>经历</u>，表达情感态度，<u>描述事件发生</u>、<u>发展的过程</u>，<u>描述人或事物的特征</u>，<u>阐释和说明观点</u>。	关键能力：描述、阐释、说明等； 做事对象：人或事物、事件或经历、态度及观点等。
	交际	根据交际场合的正式程度和行事程序，选择<u>正式或非正式</u>、<u>直接或委婉</u>的语言形式表达<u>道歉</u>、<u>请求</u>、<u>祝愿</u>、<u>建议</u>、<u>拒绝</u>、<u>接受</u>等，体现文化理解，达到预期交际效果。	交际场合：正式与非正式、直接与委婉等； 交际功能：道歉、请求、祝愿、建议、拒绝、接受等。
	策略、语言与文化	能在口头表达过程中有目的地选择词汇和语法结构。	词汇和语法知识； 跨文化意识、情感态度等。
		能在表达中借助语言构建交际角色，体现跨文化意识和情感态度。	

　　表 7-1 展示了专家审查取得一致意见后，《课标》水平一和水平二在口头表达能力的描述上体现出渐进关系。水平一在"做事"维度上主要以"描述"与"说明"为主（见相关下画线），并涵盖《课标》所规定的"经历""观点""文化传统和文化背景"（见相关下画线）等。水平二在"做事"维度上要求更高，拓展为口头"描述""阐释""说明"的能力，并涵盖"人或事物""事件或经历""态度及观点"等内容对象。但也不难发现，由于涉及"事件或经历"的口头产出绝大多数属于叙述，可将《课标》中的"描述"理解为广义范畴中描写和叙述的结合体。

　　《课标》水平一和水平二的"交际"维度从"做事"视角分析应属于隐形的"互动"，主要从交际场合的正式性和用语适切性视角提出要求，并指出相关的交际功能（如道歉、请求、祝愿、建议、拒绝、接受等）以及交际策略（如非言语等）。此外，在口头表达中学生还需调用策略（语音）、语言（词汇与语法）以及文化知识等用英语来"做事"。

　　将这些能力描述与听说测试的构念相结合，听说测试则应重点考查学生用英语完成"描述""阐释""说明"等任务，使用正确词汇和语法等对"人或事物""事件或经历""态度及观点"等相关内容进行口头产出。但出于可测性等考量因素，文化知识往往仅能在考试内容中渗透，并无法直接观测。

7.1.2 《量表》中的口头表达能力

《量表》的结构是从"描述""叙述""说明""论述""互动"和"指示"六个方面描述不同方面的语言能力（刘建达、吴莎，2019）。因此，《量表》与《课标》除在"指示"这一维度上存在差异外，其他维度均有交集。《量表》的口头表达能力总体定义为"说话人在分析情境、参与者、表达目的、交流渠道等语境因素的基础上，正确认识口语交际任务，从而恰当运用语言知识和交际策略，进行有效的口语交际"（金艳、揭薇，2020：46）。由定义可见，听说测试应从语境因素、任务特征、语言知识和交际策略等出发，综合考查学生的口头表达能力。由于高中学段与《量表》的四级关系最紧密，以下从《量表》口头表达能力的各分项能力来分析有关描述。

表7-2展示了专家审查取得一致意见后，从《量表》四级的口头描述能力中所能提取的关键信息。《量表》四级的口头描述能力依据描述对象的复杂度以及学生对其的熟悉度，使用"简单"或"详细"（描述标准）对口头表达能力加以难度调节。总体上，《量表》四级要求学生能描述的内容有：熟悉的对象（涉及音/视频、场所、事件、文化传统或习俗、症状等）或一般的对象（涉及愿望或理想、个人情况等）。同样，如表7-3所示，口头叙述能力主要围绕讲述、复述或转述（口头叙述能力）篇幅短小的故事和个人经历（叙述内容）展开，并从完整性、连贯性和条理性等（叙述标准）方面加以描述。

表 7-2 《量表》四级的口头描述能力

描述	关键信息
能简单描述主题熟悉的音/视频。	描述熟悉对象（音/视频、场所、事件、文化传统或习俗、症状等）或一般对象（愿望、理想、个人情况等）。
能简单描述自己的学校或工作场所，如地点、人员特征等。	
能详细描述个人愿望或理想，如期待的旅行、理想的职业等。	
能详细介绍自己的情况，如学习、工作、兴趣爱好等。	
能按时间顺序简要描述已发生或即将发生的事情。	
能简单描述文化传统或习俗。	
能在就医时简单描述自己的症状。	

表 7-3　《量表》四级的口头叙述能力

描述	关键信息
能较为完整且连贯地讲出简短故事。	讲述(复述、转述)故事和个人经历。
能较完整地复述小故事的主要情节。	
能简要转述活动的主要内容。	
能有条理地口头描述个人经历,如旅行经历。	

表 7-4 展示了专家审查取得一致意见后,从《量表》四级口头说明能力中可提取的关键信息,包括描述、说明的内容或对象主要涉及课程情况、人生计划、工作或学习中的常见状况,说明名人、名胜古迹、喜好原因及看法等,并通过"简单(简短)""详细""能经过准备"等说明性标准调节难度。同样,从口头论述出发,表 7-5 呈现《量表》四级有关口头"论述"和"阐释"的能力,论述对象则主要为"所读文章""看法或观点"等。

表 7-4　《量表》四级的口头说明能力

描述	关键信息
能参考课程简介或相关资料,简单介绍学校开设的课程。	说明课程情况、人生计划、工作或学习中的常见状况等;经过准备,说明名人、名胜古迹等,或说明喜好的原因和自己的看法。
能详细介绍自己的人生计划并说明原因。	
能详细解释日常生活或工作中常见的状况,如迟到或缺席的原因。	
能简单说明自己能胜任某一工作或职位的理由。	
能简单说明工作或学习中常见任务的步骤。	
能经过准备,就名人、名胜古迹或文化习俗作简短介绍或评论。	
能经过准备,就学校、社团或工作话题作简短发言。	
能经过准备,详细解释自己喜欢某电影或音乐作品的原因。	
能经过准备,简单说明自己对一些社会问题的看法,如零花钱、代沟、叛逆等。	

表 7-5　《量表》四级的口头论述能力

描　述	关键信息
能对所读文章的主要观点作出简单的口头评论。	论述所读文章；阐释看法或观点。
能对他人发言阐述自己的看法。	
能在发言中对主要观点进行解释，并适当使用证据加以支撑。	

表 7-6 展示了专家审查取得一致意见后，从口头互动能力中可提取的关键信息。口头互动能力的描述语较多，也是《量表》四级口头表达能力的重要指标，主要聚焦"交谈"和"讨论"两种互动形式。口头互动内容包括常见场景（如购物、退换货、预定、接待、咨询、租赁等）和常见话题（如家庭、学校、理想等）。同样，如表 7-7 所示，《量表》四级口头指示主要涉及回复询问、发出指令、解释操作流程等，通常语言较为简单（指示标准）。

表 7-6　《量表》四级的口头互动能力

描　述	关键信息
能在购物时就物品信息，如颜色、尺寸、款式、价格等，进行简单交谈。	常见场景的交谈（如购物、退换货、服务、预定、接待、咨询、租赁等）；常见话题的讨论（如家庭、学校、理想等）。
能与他人简单讨论家庭、学校等方面的话题。	
能就退换货、退款等商贸事宜进行简单交谈。	
能就服务、账单等事务进行简单的交涉。	
能通过电话预订生活中常见的服务，如预约就诊、订票、订餐等。	
能在接待外宾时简单询问对方的住宿情况、行程安排。	
能在工作中简单解答顾客的咨询。	
能通过交谈在租赁公司租用交通工具。	
能通过交谈办理日常的银行事务，如开户、销户、存款、取款等。	
能就日常学习事宜进行简单交流，如安排预约、询问课程及考试信息等。	

表7-7　《量表》四级的口头指示能力

描述	关键信息
能在日常交际中简单回复别人的询问,如问路等。	回复询问;发出指令;解释操作流程。
能在运动、游戏等熟悉的活动中,发出简单的口头指令等。	
能简要解释日常电子产品的操作流程,如电脑、智能手机等。	

　　就外语能力标准与高考英语(上海卷)听说测试之间的相关性而言,维度的可观测性是专家审查的基础。因此,以下从"做事"以及"内容对象"两个维度具体分析高考英语(上海卷)听说测试的考查目标和题型,检验其与两部重要外语能力标准上的吻合度。

　　表7-8汇总了所有专家审查后的结果。如表7-8所示,总体而言高考英语(上海卷)听说测试在"做事"和"内容对象"两个维度上都可提取可测量的关键表征,但也存在局部缺位的问题。下文将从《课标》和《量表》与高考英语(上海卷)听说测试的吻合度以及局部缺位等方面详细展开。

表7-8　《课标》与《量表》与高考英语(上海卷)听说测试的比较汇总

	《课标》	《量表》					
做事	描述(叙述)、阐释(论述)、说明(互动)	描述	讲述、复述、转述	说明	论述、阐释	交谈、讨论	指示
内容对象	水平一:经历、观点、文化传统和文化背景等 水平二:人或事物、事件或经历、态度及观点	音/视频、场所、事件、文化传统或习俗、症状、愿望或理想、个人情况等	故事、个人经历等	课程、人生计划、工作或学习中的状况、名人、古迹、喜好原因及看法等	所读文章、看法或观点等	购物、退换货、预定、接待、咨询、租赁、家庭、学校、理想等	回复询问、发出指令、解释操作流程等

7.2　外语能力标准与高考英语(上海卷)听说测试

　　如第1章所述,高考英语(上海卷)听说测试以"人机对话"方式施考,即让考生通过计算机界面回应预先录制好的试题。其测试构念主要参照了《课标》和

《上海市中小学英语课程标准(征求意见稿)》(上海市教育委员会,2004)的相关要求(徐雯,2021),但也通过《量表》对高考英语(上海卷)听说测试进行了标准设定(见本书第八章以及郑方贤等,2021)。

如表7-9左侧两列所示,高考英语(上海卷)听说测试的构念主要由5个方面组成,包括对显性语言知识(语音)、隐性语言知识(词汇与语法)、交际功能、叙述、解释、评述、应答、表达观点等方面的考查。显性语言知识通过朗读句子和短文的题型来考查;交际功能通过考生对所给情景进行提问的方式实现;叙述、解释和评述则依据系列图画的内容以看图说话的方式考查;快读应答初步考查考生应答互动的语言能力;听短文回答问题则对应表达观点的语言能力。此外,隐形语言知识的考查则贯穿于除朗读以外的整个听说测试之中。

表7-9　听说测试的构念、题型与做事、内容对象的关系

构念组成	对应题型	做事(《课标》)	内容对象(《课标》)	做事(《量表》)	内容对象(《量表》)
能运用所学的语音知识和朗读技能,用正确的语音和语调朗读句子和文章。	朗读句子和短文	/	/	/	/
能运用所学的语言意念、功能,根据情景要求进行询问以获得所需的信息。	情景提问	(互动)	人、事物、事件	(交谈与讨论)	购物、预定、接待、咨询、家庭、学校等
能对人物或事件进行口头叙述、解释或评述。	看图说话	描述(叙述)	经历	描述、讲述	场所、事件、个人情况等
能听懂日常会话用语,并对此作出应答。	快速应答	(互动)	文化背景	指示	回复询问等
能根据所听材料内容回答问题,并表达个人的观点、感受或作出评论。	听短文回答问题	阐释(论述)	经历、态度、观点	论述、阐释	所听文章、看法、观点

在表 7-9 汇总的基础上,下文进一步分析《课标》和《量表》与高考英语(上海卷)听说测试的吻合度。

7.2.1 《课标》与听说测试

如表 7-9 所示,听说测试的构念基本覆盖《课标》中所有"做事"维度,涉及描述(叙述)、阐释(论述)以及形式上的互动(表中以括号形式表示)。然而,高考英语(上海卷)听说测试的构念以及相应题型中,对"说明"这一口头表达能力的体现显得较弱;朗读句子和短文与"做事"维度的相关性也较弱。就所涉及的"内容对象"而言,高考英语(上海卷)听说测试涵盖《课标》中人、事物、事件、经历、文化背景、态度、观点等诸多方面,在相关性和一致性上较为理想。但由于尚无法分析具体的考题,因此在高考英语(上海卷)听说测试内容与《课标》中"文化传统"这一具体对象方面暂无法评判其相关性。

综上所述,《课标》与高考英语(上海卷)听说测试的匹配度就相关性和覆盖面而言总体较为理想。然而,两者的匹配度也存在瑕疵,特别是基于《课标》在"做事"维度的匹配性上存在三个问题。

第一,从"做事"的角度分析,朗读句子和短文并未充分体现"做事"能力,从交际有效性的角度来看也基本停留在纯粹考查学生语音知识运用的层面上。这与《课标》中所要求的用英语"做事"以及语言学习的活动观存在较大差距。应该指出,朗读句子和短文题型的初衷是考查原本目标考生群体较为薄弱的语音知识。然而,随着上海市高中英语教学改革的不断深化,语音知识的运用是绝大多数高中学生已经基本掌握的能力。因此,就现有的分析而言,朗读句子和短文既无法与《课标》有关"做事"的能力描述匹配,也无法在选拔中有效地区分绝大多数考生。

第二,高考英语(上海卷)听说测试在"说明"这一口语表达能力指标上存在较为明显的缺位。说明性话语是指"解说事物的形状、构造、类别、关系、功能等,或阐明事物的原理、含义、特点、演变等,使人们从中学到知识或明白道理"(金艳、揭薇,2020:100-101),是学生进行说明性口头文本产出的重要体现。但就目前的高考英语(上海卷)听说测试而言,"说明"的口头表达能力考查得较为有限。究其原因,这可能与现有考试的题型特征有一定关联。由上文说明性话语的定义可知,如果要考查学生在"说明"方面的口语表达,则往往需要涉及"事物"或与之有关的"知识"或"道理"。然而,现有的高考英语(上海卷)听说测试题型往往没有直接需要考生谈及的"事物"。

第三,听说测试虽然存在"互动"能力的考查,但这基本停留在形式层面。究其原因,这主要是因高考英语(上海卷)听说测试的施考模式所致。从交际真实性的角度出发,对"互动"能力的考查应在考生与考官之间或考生与考生之间形成信息交互,并在交互的过程中体现其相关的能力表现。但现有的高考英语(上海卷)听说测试在形式上采用预录话语与考生之间的交互,未能充分体现口头交流的本质,这与日常学习生活中的交际模式也有所不同。

7.2.2　《量表》与听说测试

如表 7-9 所示,高考英语(上海卷)听说测试的构念也基本涵盖《量表》中所有"做事"维度,涉及描述、讲述、论述、阐释、交谈、讨论和指示等。其中,与上文所述的《课标》与听说测试的相关性类似,"交谈与讨论"仅体现在形式层面(表中以括号形式表示)。同样,以《量表》为基础,高考英语(上海卷)听说测试在"说明""复述"和"转述"这些能力上并未有充分体现。就"内容对象"分析,高考英语(上海卷)听说测试主要涉及的场景与话题基本与《量表》所要求的内容一致。但值得注意的是,"快速应答"题型与《量表》中的"指示"对应性更强,并且一般是通过"回复询问"的方式体现。

综上所述,《量表》与高考英语(上海卷)听说测试的匹配度从相关性和覆盖面而言总体上也较为理想,但除以上与《课标》对应存在问题外,还有两点不足之处。

第一,在"叙述"口语能力方面,高考英语(上海卷)听说测试主要围绕"描述"和"讲述"展开,对"复述"和"转述"的考查较少。应该指出,后两者是考生基于给定信息,用自己的语言再现已知信息的重要方式,亦是在真实的交际场景中经常发生的现象。此外,虽然"看图说话"题型也是要求考生复述图片信息,但静态图片往往呈现的是以时间发展为脉络的小故事,信息的承载量较为有限,因此在"人机对话"施考模式下高考英语(上海卷)听说测试可有进一步的突破。

第二,由于受到高考英语(上海卷)听说测试施考模式的限制,"快速应答"题型仅能让考生回复所听到的信息,并无法如《量表》中所涉及的"发出指令""解释操作流程"等内容对象那样,让考生可以基于特定的交际场景进行一来一回的口语表达。因此,这种"只答不问"的题型从一定程度上也限制了《量表》中有关"指示"口语能力的考查。

7.3　高考英语(上海卷)听说测试的展望

上文以专家审查的视角,从《课标》和《量表》关于口头表达能力的描述出发,分析了高考英语(上海卷)听说测试与两者在构念方面的相关性和覆盖面,这很大程度上为该考试的效标关联效度提供了证据,即考试所指向的口头表达能力与外语能力标准之间的契合度较高。

如上一节所分析的,总体而言,高考英语(上海卷)听说测试与这两部外语能力标准的描述较为吻合,综合考查了考生在高考英语(上海卷)中应具备的"做事"能力,也涵盖了各类不同的"内容对象"。但也应该指出,高考英语(上海卷)听说测试由于现有题型本身存在一定的局限性,其可进步的空间也较为宽广。加之现有语音识别技术的不断提升以及人工智能阅卷系统的臻于完善,本章提出三点思考,旨在展望高考英语(上海卷)听说测试今后的可持续发展。

第一,就高考英语(上海卷)测试构念而言,"说明"能力的缺位是否影响了全面考查考生应具备的口头表达能力? 如上文所述,"说明"是考生对客观世界在获得一定认知后的重要表达方式之一,也是两部外语能力标准中均涉及的口语表达能力维度。因此,高考英语(上海卷)听说测试在今后的发展中应在构念以及题型设计上进一步注重这一方面能力的考查。以现有的"看图说话"题型为例,现有的素材基本集中在小故事上,但如果对图片的内容加以灵活调整,设计为类似事物的特征或趋势、做事的流程和要点等内容,则可有效地弥补高考英语(上海卷)听说测试在这一方面的不足。

第二,就高考英语(上海卷)文本形式而言,文字与图片形式的文本输入方式是否全面考查了考生应具备的口头表达能力? 应该指出,文字和图片的信息量是有限的,考生在进行复述或转述过程中往往忽视区分重要信息和次要信息。在计算机化的口语测试中,完全可通过短视频、小动画等方式丰富考试的信息输入模态,加大考查学生基于视频等文本进行信息转述的能力,这样也可提升考生与试题之间的交互性。比如,可以尝试使用"复述"题型。这要求考生在看一段视频材料后从第三方视角在一定提示指引下转述视频材料的关键信息,而这个转述的过程就可用以考查考生关于"说明"的口语表达能力。这种模式也可在很大程度上增强高考英语(上海卷)听说测试的趣味性。

第三,就高考英语(上海卷)施考模式而言,现有的"人机对话"模式是否顺应新时代外语能力标准的发展？如第 1 章所指出，在高考英语（上海卷）的发展历史上，"人机对话"很大程度上解决了直接口语测试在考务方面的诸多限制因素（徐雯，2021）。但随着以人工智能、机器学习等为代表的数字时代的到来，这种考试模式应得到进一步的改进。其中，最重要的突破口即是实现考生之间的互动。如上所述，现有的"交谈"或"讨论"仍停留在相对静态的预设层面，在现有施考技术可实现的条件下，考生之间进行交谈或围绕某一话题开展讨论应是今后听说测试的重点。这不仅可提升听说测试在"互动"和"指示"能力方面的考查，也可进一步加强测试与真实交际情景间的吻合度。在今后高考英语（上海卷）听说测试的发展和改良上，可尝试使用"角色扮演"题型。这要求考生在观看一段视频后，明确其需扮演的角色及完成的任务。然后要求考生根据视频内容与计算机开展问答。由于这种题型与真实生活中多话轮交际类似，因此既可考查考生获取事实信息的能力，又可综合考查学生的口语表达能力，如询问或传递事实信息等。

第8章 高考英语（上海卷）的效标关联效度：来自阅读测试标准设定的证据

2014年国务院颁布的《关于深化考试招生制度改革的实施意见》明确提出启动高考招生制度改革试点，计划于2020年基本建立具有中国特色的现代教育考试招生制度。这是自恢复高考以来我国最系统、最全面、最深刻的新一轮高考改革（谈松华，2018）。作为首批高考综合改革试点省市之一，上海市于2014年出台试点方案，在考试科目设置上外语科目提供两次考试机会，选择较高成绩计入高考总分。然而，这一方案在实施过程中也面临巨大挑战。"一年两考"的模式将考查目标指向相同的语言能力，可视为同一考试的两个复本。但若未经等值处理，则很难保证复本的可比性与成绩的解释力。值得注意的是，不同考试分数的等值处理虽理论上可行，但考生、家长等通常较难接受原始分在等值后的降分处理。

为解决这一困境，确保高利害考试的公平性，高考英语（上海卷）专家组开始着手效标关联效度的举证。第7章已从专家审查的视角研究了高考英语（上海卷）听说测试在显性维度上与《普通高中英语课程标准（2017年版）》（中华人民共和国教育部，2018）以及《中国英语能力等级量表》（中华人民共和国教育部、国家语言文字工作委员会，2018）之间的契合度，并在此基础上对高考英语（上海卷）听说测试今后的发展提出了一些建设性的意见。除专家审查的视角外，效标关联效度还可以通过标准设定（standard setting）的方法来进行效度举证。具体而言，标准设定就是通过定量统计的方法将考试所测量得出的语言能力与既有的语言能力标准形成一系列的对应关系。

本章将以高考英语（上海卷）阅读项目为研究对象，以《中国英语能力等级量表》（中华人民共和国教育部、国家语言文字工作委员会，2018，本章简称《量表》）和《欧洲语言共同参考框架》（Council of Europe，2001；本章简称《欧框》）为参照，为高考英语（上海卷）的效标关联效度举证，并结合语言考试与语言标准设定的框架(何莲珍,2019)进行讨论。

8.1　效标关联效度与语言能力标准对接

本节将从高考英语(上海卷)开展效标关联效度的必要性和重要性入手,并通过介绍所选取的外语能力标准,介绍此项研究的基本背景。

8.1.1　效标关联效度

如第2章所述,语言测试中的效度是指"实证数据与理论框架对分数的解释力以及基于分数进行决策的充分度与适切度"(Messick,1988:34),是考试的核心要件。在不同发展时期,学界对效度的认识经历多轮修正(如 Angoff,1988;Cronbach,1988;Goodwin,2002;Kane,2001;Messick,1980;Weir,2005;等等),从传统的多元效度观逐渐发展到以构念效度为核心的整体效度观。传统的多元效度观认为,效度主要分为内容效度、效标关联效度及构念效度等。其中效标关联效度关注考试与权威语言标准之间的关联性,是考试寻求外部效度证据的主要途径,也是社会-认知效度验证框架的重要一环(Weir,2005)。虽然整体效度观认为效度是一个整体概念,构念效度是其核心,但效度验证时需收集各环节证据,进行多轮举证或交叉验证。换言之,为考试的效标关联效度举证,也是验证该考试的整体效度。一般而言,效标的参照源是语言能力标准或测量相同构念的优质语言考试。但由于不同语言考试之间存在构念差异,因此参照既定的语言能力标准是进行一项考试效标关联效度举证的常见做法(Papageorgious & Tannenbaum,2016)。

8.1.2　《欧框》和《量表》与语言能力标准的对接

效标关联效度举证的关键之一是选取恰当的语言能力标准或量表。语言能力量表从不同维度描述各个级别的语言能力,为不同语言能力测量结果提供比较的基准(North,2000)。因此,语言能力量表也被称为"标准"。目前,国际上最具影响力的语言能力标准是《欧框》(Council of Europe,2001)。《欧框》描述语言学习者或使用者完成语言交际活动时所需的语言能力、社会语言能力和语用能力,并将能力从低到高分为三等六级,即基础水平(A1、A2)、独立运用(B1、

B2)以及熟练运用(C1、C2)。

《欧框》自 21 世纪初实行以来,对欧洲各国的语言教学产生了积极作用,也为各国语言能力评估体系的验证或建立提供了重要参考(方绪军、杨惠中,2017)。国际化或地区性英语考试,如托福(Tannenbaum & Wylie,2008)、雅思(Taylor,2004)和中国台湾地区的全民英检(GEPT,Wu,2014))等纷纷与《欧框》对接,使考试作为测量工具得到更广泛的认可和使用。值得一提的是,《欧框》在描述语言能力时留有空间,避免过于细致和完整,便于使用者根据需要灵活改编和使用,适用于不同的语言教育和使用环境(Milanovic,2009)。并且,《欧框》是描述语言能力的元话语体系,并非恒定不变的标准,而是持续改进的参照体系(Milanovic & Weir,2010)。

在《欧框》的影响下,结合我国英语教育和英语使用的实际情况,《量表》在历经约四年的研制后也于 2018 年问世。《量表》是首个基于我国国情、面向中国英语学习者与使用者的英语能力标准。《量表》从低到高分为基础、提高及熟练三个阶段,共 9 个等级,包括听力理解、阅读理解、口头表达、书面表达等能力描述,不仅为我国英语学习与教学提供参考框架,也为我国外语能力测评体系提供统一的语言标准(刘建达、韩宝成,2018;刘建达、吴莎,2019)。随着《量表》的落地实施,雅思、托福等国际英语考试已完成相应的对接研究,产生新的效标关联效度证据(见蔡宏文,2019;闵尚超,2019;张洁、王伟强,2019等)。

如表 8-1 和表 8-2 分别所示,雅思考试和托福 iBT 考试在之前与《欧框》对接的基础上,已与《量表》完成了对接研究,不同分数段与《量表》不同级别的对应关系呈现出一种既有序又复杂的情况。一方面,随着级别的上升,两项考试各语言能力维度的得分也随之上升。比如,雅思考试中不同项目的得分随着《量表》级别上升,总体上按照 1 分的幅度提升相邻级别的临界分。但另一方面,这种上升并非是等距的线性上升,而是各语言能力维度非均衡的发展。这种对接结果也较为合理,与两项考试和考生表现的实际情况较为接近。比如,托福 iBT考试的听力项目,随着《量表》级别的上升,相邻级别临界分的差距有所改变,呈现出 6 分-4 分-4 分-3 分的趋势递减,而非等距。这既与考试设计本身有关,也与《量表》的分级幅度有关。

表 8-1　雅思考试与《量表》的对接结果

	四级	五级	六级	七级	八级
听力(0-9)	5	6	6.5	7.5	8.5
阅读(0-9)	4.5	5.5	6	7	7.5
口语(0-9)	5	5.5	6	6.5	7
写作(0-9)	4	5	6	7	7.5
总分(0-9)	4.5	5.5	6	7	8

表 8-2　托福 iBT 考试与《量表》的对接结果

	四级	五级	六级	七级	八级
阅读(0-30)	7	13	17	21	25
听力(0-30)	4	10	16	20	23
口语(0-30)	13	17	20	23	26
写作(0-30)	13	17	21	23	27
总分(0-120)	37	57	74	87	101

相较于国际英语考试与《量表》的对接,我国本土英语考试在这方面的工作却稍显滞后。到目前为止,仅有我国大学英语四、六级考试(见金艳、揭薇、王伟,2022)和浙江大学校本英语考试(何莲珍、阮吉飞、闵尚超,2021)有公开的对接研究或效标关联效度报告。如表 8-3 所示,大学英语四、六级考试不仅与《量表》,也与《欧框》完成了对接研究,为该考试的效标关联效度提供了充分的证据,特别是为我国本土大规模英语考试与国际英语考试在成绩上的互认互通上提供了很好的典范。

表 8-3　大学英语四、六级考试与《量表》和《欧框》的对接结果(报道分)

	《量表》		《欧框》	
	五级	六级	B1	B2
四级听力	173	202	135	197
四级阅读	161	192	149	194
四级写作和翻译	112	174	104	158
四级总分	446	568	388	549

(续表)

	《量表》		《欧框》	
	五级	六级	B1	B2
六级听力	166	206	170	219
六级阅读	160	205	154	209
六级写作和翻译	117	174	114	168
六级总分	443	585	438	596

　　高考英语作为我国历史悠久的重要考试之一,与《量表》和《欧框》在语言能力构念上较为契合。因此,参照《量表》和《欧框》对高考英语的效标关联效度进行验证,探求该考试与两部语言能力标准之间的关联证据,可提升该考试分数的可比性和解释力,也可为高考英语(上海卷)与国际上其他英语考试的衔接互通提供有力证据,因此此项工作迫在眉睫。

　　就具体操作而言,效标关联效度聚焦标准设定,即考试分数与语言能力标准之间的对接。标准设定可使考试分数具备能力标准中相应意义的解释力。考试与能力标准的对接研究通常结合以试题为中心(test-centered)的专家评判与以考生为中心(examinee-centered)的教师评判,通过多方证据进行交叉验证(Council of Europe,2009)。

　　专家评判通常分为五步,包括熟悉标准、核查考试细目、统一标准、标准设定和效度验证(Council of Europe,2009)。熟悉标准是指评判专家熟悉语言能力标准的涵盖范畴、各级别特征及其描述语。核查考试细目是指评判专家熟悉并核查考试的内容与任务类型等,并与能力标准的涵盖范畴与级别进行初步比较。统一标准是指评判专家就能力标准与考试达成一致认识。该环节需对评判专家进行一系列培训,并向其反馈认识与评判上的差异,讨论评判的合理性,从而确定评判基准。标准设定是指依据语言标准,针对考生的能力表现进行对应性评判(Cizek,1993),该环节也是对接研究的重要核心(Kaftandjieva,2004)。

　　就标准设定的方法而言,可采用投篮法(Basket Method)或改良 Angoff法(Modified Angoff Method)(Cizek & Bunch,2006;Kaftandjieva,2004)。投篮法是指评判专家较为粗略地判断何种级别考生可答对试题,从而设定不同级别初始能力考生的基本参照。改良 Angoff 法是指评判专家更为精细化地判断不同级别考生答对试题的概率。这两种方法都有助于在最终的效度验证环节确定考试分数与能力标准之间的对应关系。但需要注意的是，对接研究结果需交叉验证后综合决策，研究者可通过其他的外部证据来支撑专家评判的结果（Dunlea，2016），即上文所述的以考生为中心的教师评判。

本章所报告的效标关联效度研究将以《量表》和《欧框》为参照，在分析和讨论高考英语（上海卷）阅读项目与两部语言能力标准对接结果的基础上，为该考试的效标关联效度举证。

8.2 效标关联效度的研究设计

基于研究目标，本章所报告的研究试图探求"一年两考"改革后高考英语（上海卷）基于《量表》和《欧框》的效标关联效度。主要回答两个研究问题：①以《量表》和《欧框》为参照，高考英语（上海卷）阅读项目在"一年两考"与跨年考试中所考查的阅读能力域是否稳定？②高考英语（上海卷）阅读项目与《量表》和《欧框》级别的对应关系如何？

以下分别从研究对象、研究步骤、评判人员等方面说明该研究的研究设计。

8.2.1 效标关联效度的研究对象

本书研究的对象是高考英语（上海卷）阅读项目。如表 8 - 4 所示，高考英语（上海卷）阅读项目由完形填空与篇章阅读两部分构成。如第 1 章的有关内容所述，完形填空（四选一形式选择题）主要考查考生对篇章基本内容的理解，而篇章阅读（3 篇四选一形式的选择题和 1 篇六选四形式的选择题）的考查目标较广，包括理解主旨大意、写作意图、隐含意义、逻辑关系和词句等等。阅读项目分值共计 45 分，占全卷总分的 30%。就试卷选择而言，本书研究选取高考英语（上海卷）"一年两考"改革后 2017 年的一考试卷（2017 年 1 月考试，本章简称 2017 - P1）与二考试卷（2017 年 6 月考试，本章简称 2017 - P2）及 2018 年的一考试卷（2018 年 1 月考试，本章简称 2018 - P1）的阅读项目。

表 8 - 4　高考英语(上海卷)阅读项目一览

题型	试题内容	题量	分值	考查目标
完形填空	补全语篇(选择)	15	15(每题 1 分)	能理解文章的基本内容。
篇章阅读	A 篇阅读(选择)	4	8(每题 2 分)	能理解文章的基本内容; 能根据上下文正确理解词语和句子; 能推断文章中的隐含意思; 能理解作者的写作意图; 能归纳段落或文章的主旨大意。
	B 篇阅读(选择)	3	6(每题 2 分)	
	C 篇阅读(选择)	4	8(每题 2 分)	
	选择句子(匹配)	4	8(每题 2 分)	能理解句子、段落之间的逻辑关系。

8.2.2　效标关联效度的研究步骤

为避免评判专家混淆效标关联效度研究中的两部语言能力标准——《量表》和《欧框》,本研究先后分为两个阶段进行。

第一阶段主要是完成高考英语(上海卷)阅读项目与《量表》的对接工作,于 2018 年 9 月至 12 月间开展,分为两步,具体步骤如图 8 - 1 所示。第一阶段是以试题为中心的专家评判,具体步骤与上文中的五个环节一致(Council of Europe,2009)。在关键的标准设定环节,评判专家先通过投篮法初步判断阅读项目试题与《量表》级别的对应情况。评判依据为《量表》书面理解量表,包括对"识别与提取""概括与分析""批判与评价"等阅读能力的描述(曾用强,2017)。如图 8 - 2 所示,若评判专家认为《量表》四级初始能力考生即可答对阅读项目的第 1 题,则将该题"投篮"至相应的《量表》级别之中——四级。

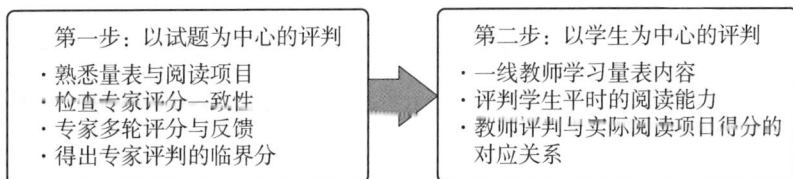

第一步:以试题为中心的评判
·熟悉量表与阅读项目
·检查专家评分一致性
·专家多轮评分与反馈
·得出专家评判的临界分

第二步:以学生为中心的评判
·一线教师学习量表内容
·评判学生平时的阅读能力
·教师评判与实际阅读项目得分的对应关系

图 8 - 1　研究步骤

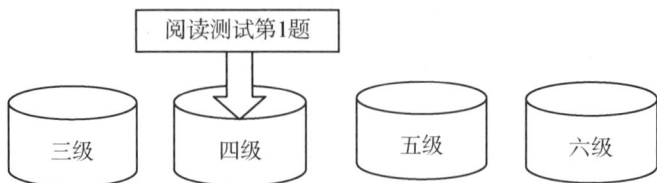

图 8 - 2   投篮法评判示例

投篮法评判后,评判专家再进行两轮改良 Angoff 法评判。第一轮评判后,评判专家得到所有人员的评判反馈,即可知晓其他专家的评判结果以及自己与他人评判结果的异同。图 8 - 3 为反馈信息示例,由柱状图可知,专家们对《量表》四级初始能力考生答对第 23 题(Item 23)的概率有分歧,平均概率为46.92%。其中 7 位专家认为,该级别初始能力考生答对此题的概率为 50%,也有其他专家认为是 30%、40% 或 60%。评判专家在知晓这一结果后,可有针对性地调节自我评判尺度,并在第二轮评判中适当调整。第一阶段的标准设定以改良 Angoff 法第二轮评判结果为最终依据。专家评判的结果通过 FACETS(3.80.4 版本)进行处理,得出不同《量表》级别的临界分。

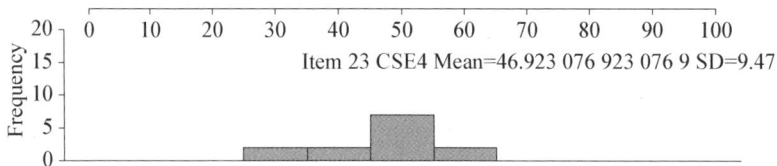

图 8 - 3   专家评判过程中的反馈信息示例

如图 8 - 1 所示,第二步是以学生为中心的教师评判(Dunlea,2016),这是对第一步结果的必要补充,也是通过不同来源的证据来提升对接结果的外推性。本书研究选取上海市三所不同层次的高中(分别为市示范实验性高中、区示范实验性高中和一般高中各 1 所),对这三所学校执教 2018 届高中生的英语教师进行为期半日的《量表》培训。随后,这些教师依据《量表》的书面理解量表(阅读能力),通过学生的日常表现评判其所对应的 CSE 级别。在此基础上,依据这些学生 2018 - P1 阅读项目得分,得到学生实考得分以及其与 CSE 级别的对应关系,并与第一阶段结果交叉验证。

第二阶段主要是完成高考英语(上海卷)阅读项目与《欧框》的对接工作,于2020 年 9 月至 2021 年 4 月间开展。该研究是上海市教育考试院与剑桥英语考评局合作项目的一部分。由于疫情的影响,第二阶段的研究工作主要是围绕如图 8 - 1 中所示的第一步,即通过标准设定的方式来提供效标关联效度的直接证据,并未再开展第二步以教师评价为结果的佐证研究。

8.2.3　评判专家的基本情况

在第一阶段中,第一步共涉及 13 名专家参与评判。其中男性 3 名,女性 10 名;大学教师 2 名,高中教研员及教师 9 名,初中教研员及教师 2 名;教龄为 11～15 年的 2 名,16～20 年的 3 名,20 年以上的 8 名。所有专家均具有中学高级或大学副教授及以上职称,部分专家为语言测试研究人员、高考命题专家或高中英语教材编者。第二步共有 7 名教师参与评判,分别来自上文所提及的上海市级示范性高中、区级示范性高中及普通高中各 1 所。每所高中选取 2 - 3 个自然班,班上学生均参加 2018 年高考英语(上海卷)一考。

第二阶段仅涉及第一步,共有 13 名专家参与评判。其中男性 1 名,女性 12 名;大学教师 2 名,高中教研员及教师 10 名,初中教师 1 名;教龄为 11～15 年的 3 名,16 - 20 年的 8 名,20 年以上的 2 名。所有专家均具有中学高级或大学讲师及以上职称,部分专家为语言测试研究人员或中高考命题专家。

8.3　效标关联效度的研究发现

8.3.1　基于《量表》的对接结果

在第一阶段中,评判专家第一步依据《量表》依次对三套阅读试题进行标准设定。由于步骤相同,以下先呈现 2017 - P1 阅读项目与《量表》对接的研究发现,再汇总三套试题阅读项目与《量表》的对接结果。

如图 8 - 4 所示,评判专家(raters)、《量表》级别(levels)及阅读试题(items)在同一洛基标尺(logit scale)上呈现。就专家评判的松紧度而言,13 位专家评判的松紧度较为一致。其中,专家 12 稍显严厉,专家 6 与专家 8 稍显宽容,但位于洛基

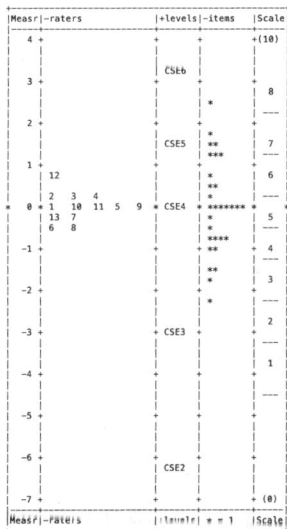

图 8 - 4　专家、量表级别与阅读试题对应图(2017 年一考试卷)

标尺[−1，1]之中，属于合理区间内。就试题的难度而言，2017 - P1 的阅读项目试题难度集中在《量表》三级至《量表》五级之间，且大多属于《量表》四级水平。绝大多数阅读项目试题位于洛基标尺[−2，2]的范围内，但也有 2 题略超出这一范围，说明 2017 - P1 阅读项目中的极易题与极难题各有 1 题。

接着，通过 FACETS 分析结果观察专家评判结果，可检测是否存在异常结果的评判专家。除专家 7 的加权后的残差均方(Infit MnSq＝1.58)略高于 1.5 的上限外，其余专家的加权后的残差均方与标准残差均方(Outfit MnSq)均介于 0.5～1.5 的合理区间，因此仅有专家 7 被判定过度拟合。但由于过度拟合直接影响临界分的划定，因此本研究的专家判定结果整体上符合相关的拟合度要求(Linacre，2005)。然后，进一步计算评判专家在《量表》三级、《量表》四级、《量表》五级及《量表》六级上评判分数的均值(Fair Average，FA)，并依据高考英语(上海卷)阅读项目的分值，得到该考试阅读项目与《量表》的对应关系，以《量表》各级别的临界分方式呈现。

如表 8 - 5 所示，达到《量表》三级、《量表》四级、《量表》五级及《量表》六级初始能力考生在 2017 - P1 阅读项目中的得分依次为 12.35 分、23.38 分、31.12 分和 37.86 分。

表 8 - 5　阅读项目(2017 年一考)与《量表》的对应临界分

	三级		四级		五级		六级	
	FA	阅读分	FA	阅读分	FA	阅读分	FA	阅读分
均值	20.35	**12.35**	51.95	**23.38**	69.15	**31.12**	84.14	**37.86**
标准差	4.2	2.01	7.5	3.11	9.6	3.48	8.4	3.32

采用以上相同步骤与方法，得到 2017 - P2 与 2018 - P1 阅读项目与《量表》各级别的对应关系，并汇总如表 8 - 6 所示。因而，表 8 - 6 可解读为：第一阶段基于《量表》的标准对接研究中第一步结果表明，高考英语(上海卷)阅读项目得分区间为 12 - 23 分的考生对应《量表》三级水平，得分区间为 24 - 31 分的考生对应《量表》四级水平，得分区间为 32 - 38 的考生对应《量表》五级水平，得分为 39 分及以上的考生对应《量表》六级及以上水平。

表8-6 第一阶段研究的临界分结果汇总

	三级	四级	五级	六级
2017-P1	12.35	23.38	31.12	37.86
2017-P2	12.92	24.22	31.66	38.01
2018-P1	12.99	24.67	31.17	37.96
初步结果	**12-23**	**24-31**	**32-38**	**39及以上**

然而,如上文所述,以上以试题为中心的专家评判结果不足以成为效标关联效度的全部证据。因此,下文报告第一阶段第二步——以考生为中心的教师评判,进一步为效标关联效度举证。

第二步主要涉及以考生为中心的教师评判。具体而言,一线教师在接受《量表》培训后,依据《量表》书面理解能力(阅读能力)的描述语,对学生英语阅读日常表现进行能力级别判定,再将评判结果与学生实考阅读项目成绩进行对应分析。

表8-7 以学生为中心的评分与实际阅读成绩(2018年一考)的关系

	低于三级	三级	四级	五级	六级	高于六级
人数(人)	7	45	183	74	35	8
占比(%)	2.0	12.8	52.0	21.0	10.0	2.2
阅读得分均值(分)	7.33	14.56	22.08	30.62	37.30	42.20

在教师基于《量表》的学生表现评分中,有教师认为部分学生的阅读能力低于《量表》三级或高于《量表》六级,因此允许教师的评判结果突破第一步中的四个预设级别。如表8-7所示,第一阶段第二步的受评学生总数为352名,其中被教师判定为《量表》四级水平的学生人数最多(N=183人,52.0%),其余依次是《量表》五级(N=74人,21.0%)、《量表》三级(45人,12.8%)、《量表》六级(35人,10.0%)、《量表》六级以上(8人,2.2%)和《量表》三级以下(7人,2.0%)。

接着,将评判结果属于同一《量表》级别的学生归为同组,并计算该组学生在2018-P1阅读项目中的得分平均值。如表8-7所示,学生的实际高考英语(上海卷)阅读项目成绩与第一阶段第一步得到的临界分相比有所差异。其中,占比最大的《量表》四级水平学生在实考中的均分为22.08分,与第一阶段中相应的临界分(23 分)相比略有差距;《量表》三级水平的学生在实考中均分为 14.56 分,比第一阶段第一步中相应的临界分(12 分)高出约 2 分。然而,《量表》五级水平的学生在实考中均分为 30.62 分,比第一阶段中相应的临界分(31 分)略低;《量表》六级水平的学生在实考中均分为 37.30 分,比第一阶段第一步中相应的临界分(39 分)也略低。

综合以上第一阶段的各种结果,需要进一步讨论确定高考英语(上海卷)阅读项目与《量表》的对应关系(Lim,Geranpayeh,Khalifa & Buckendahl,2013),从而为该考试项目的效标关联效度举证。具体讨论如下。

研究问题 1 涉及"一年两考"与跨年考试在阅读能力域上的稳定性,即不同次考试之间能力指向的一致性。首先,如表 8-6 所示,不同次考试阅读项目在《量表》各级别上的临界分差值均在可控值域内。这主要说明不同次考试的成绩可稳定地对应《量表》的各个级别,也表明不同次考试的阅读项目在对接《量表》时,同一分数区间所指向的阅读能力域基本一致。这与雅思、托福考试与 CSE 对接研究中所呈现的结果也吻合(蔡宏文,2019;闵尚超,2019;张洁、王伟强,2019)。其次,表 8-6 还显示,同一次的高考英语(上海卷)阅读项目在《量表》不同级别上的分数区间级差也较稳定,并得到表 8-7 结果的印证。具体而言,《量表》四级与《量表》五级之间、《量表》五级与《量表》六级之间在级差上基本等同(约 7 分)。这不仅说明《量表》在这三个级别之间难度较为等距,也说明专家评判中测量误差较小。然而,《量表》三级与《量表》四级之间的级差在两个阶段中结果略有差异,前者级差稍高于后者级差。这可能有两个原因。其一是《量表》本身在划分能力级别时对"提高阶段"(《量表》四级至六级)的洛基值取值略小,而"基础阶段"与"熟练阶段"的级差洛基值取值略大(刘建达、吴莎,2019)。受到《量表》级差不完全等距的影响,考试与《量表》对接时,两端级别的临界分也可能相应扩大。因此,本书研究中《量表》三级与《量表》四级的临界分较大,这与雅思、托福考试与 CSE 在对接过程中出现的部分问题类似。其二是高考英语(上海卷)阅读项目中难度为《量表》三级的试题数量极少,这也可能给专家评判造成一定的影响。例如,专家可能将相对简单的试题认定为极为简单,将其归入《量表》三级,从而造成一定的误差(Cizek & Bunch,2006;Dunlea,2016;闵尚超,2019)。因此,以《量表》为效标参照,总体而言高考英语(上海卷)在"一年两考"与跨年考试上具有稳定性,阅读能力域的指向保持一致,不同次考试对接《量表》各级别的临界分基本等距。

研究问题 2 涉及高考英语(上海卷)阅读项目与《量表》书面理解能力的对应关系。如前文所述,不同对标试卷、评判专家及考生均对最终的效标关联效度结果产生影响,因此需要综合多方证据进行决策(Dunlea,2016)。综合第一阶段两个步骤的研究结果,高考英语(上海卷)阅读项目与《量表》对接结果最终综合判定如表 8-8 所示。

表 8-8　高考英语(上海卷)阅读项目与《量表》的对接结果

	三级	四级	五级	六级
阅读项目得分	14	23	30	37

表 8-8 的对接结果在决策依据上主要有三点。第一,遵循《量表》在分级界限上的特点。如上文所述,《量表》采用两端对齐、近似等距的分级模型。因此,本研究在保持《量表》四级与《量表》五级之间及《量表》五级与《量表》六级之间等距(7 分)的基础上,综合考虑第一步和第二步的研究发现,将《量表》三级临界分设为 14 分。这既与第二步的评判结果一致,也拉近了《量表》三级与《量表》四级之间的级差(9 分),与《量表》的分级特点一致(等距 7 分)。

第二,《量表》四级可粗略对应高中毕业水平要求(刘建达、吴莎,2019)。因此,高考英语(上海卷)作为高校选拔高中生的一项高利害考试,其阅读项目均分应略高于《量表》四级的临界分。因此,综合两步的研究发现以及高考英语(上海卷)阅读项目的常年均值(介于 25-27 分,满分 45 分),阅读项目与《量表》四级的对接临界分设为 23 分。

第三,第二步评判中出现高于《量表》六级的结果,但由于这一考生群体人数较少,且评判专家和最终的决策专家组普遍认为高考英语(上海卷)不宜在《量表》七级上设置临界分。再者,阅读项目的满分为 45 分,研究分析中尚无法得出达到《量表》七级的临界分,也说明即使得到阅读项目的满分,也未必达到了《量表》的七级水平。因此,表 8-8 中未出现该级别,而对应的《量表》五级和《量表》六级临界分分别为 30 分和 37 分。

8.3.2　基于《欧框》的对接结果

由于《欧框》级别设置的颗粒度较粗,因此高考英语(上海卷)阅读部分与其对接的结果先以阅读项目中不同试题对应《欧框》相应级别的比例呈现,再以试题的分数折合为临界分。

如表 8-9 所示,高考英语(上海卷)阅读项目在这一阶段的研究分为篇章阅读和完形填空两个部分。前者包含试卷中 4 篇阅读材料,共计 15 小题,30 分;后者包含试卷中 1 篇阅读材料,共计 15 小题,15 分。由表 8-9 可见,篇章阅读中有 46.67% 的试题难度位于《欧框》的 A2 级别,26.67% 的试题难度位于《欧框》的 B1 级别,26.67% 的试题难度位于《欧框》的 B2 级别。因此,对应该项目的得分,若考生得 14 分(答对 7 题)则属于 A2 的水平,得 22 分(答对 11 题)则属于 B1 的水平,而得满分 30 分(答对 14 题)则达到了 B2 的水平。

表 8-9　高考英语(上海卷)阅读项目与《欧框》的对接结果

级别	篇章阅读 试题数量比例	对应成绩	完形填空 试题数量比例	对应成绩
A2	46.67%	14	0	/
B1	26.67%	22	100%	15
B2	26.67%	30	0	/

同样,针对完形填空,由于所有的试题难度均落入《欧框》B1 级别,因此仅当考生完全答对该项目所有试题,其相应的阅读能力才可达到《欧框》的 B1 水平。若将篇章阅读和完形填空两个项目相加,考生得分为满分 45 分者则可基本被视为达到了《欧框》B2 级别。按照这一逻辑,这与先前第一阶段中高考英语(上海卷)与《量表》对接结果基本相通,即阅读满分者既无法达到《量表》中熟练阶段的七级水平,也无法达到《欧框》级别设置中熟练运用阶段(C1 和 C2 级别)的水平要求。但由于第一阶段和第二阶段的评判专家存在部分不同,因此会存在一定的测量误差,两个阶段的对接结果比较也仅是作为间接证据供参考。

8.4　效标关联效度的讨论与启示

高考英语(上海卷)的效标关联效度研究具有多重意义。在研究目标上,高考英语(上海卷)的效标关联效度研究与本章前文所介绍的雅思、托福和大学英语四、六级考试与语言能力标准的对接既有相似之处,也有不同之处。一方面,高考英语(上海卷)的效标关联效度举证是为了让该考试与其他考试在同一语言能力标准或量表上得以衡量,增强不同考试之间的可比性和互通性。另一方面,高考英语(上海卷)由于2017年起开始实行"一年两考",这就对不同考次之间的可比性和稳定性提出了挑战,因而要开展这一方面的效标关联效度研究,以此保证该考试所得成绩在能力域上的稳定性。

此外,基于标准设定有关文献,高考英语(上海卷)的效标关联效度的第一阶段研究还参照何莲珍(2019)所提出的语言考试与语言标准对接的效度验证框架,审视了对接研究本身在效度举证方面的有效性。该框架认为,对接为考试决策提供相关与充分的信息,对接结果的解释既有意义,亦有概推性与公平性。下文依据该框架讨论高考英语(上海卷)阅读项目对接《量表》的主张(claims)及其有关证据(warrants)。如图8-5所示,对接研究是基于考生在测试任务中的表现,从对接的实施到解释和使用对接结果的统一体。因此,基于《量表》的高考英语(上海卷)对接研究也围绕这两个箭头讨论四个方面的主张,并通过相关证据说明研究的效度及系统性。

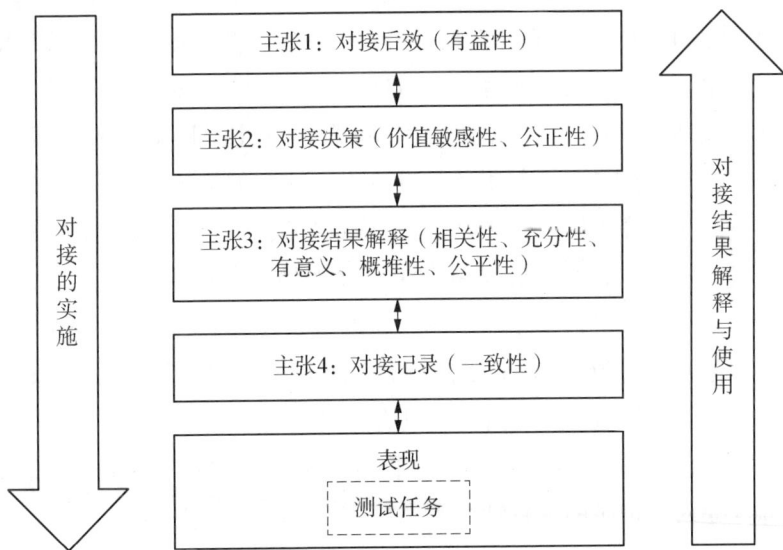

图8-5 对接效度验证框架

主张1是对接后效的有益性。本书研究在这一主张方面的证据是:本书研究的目的是为无法采取等值处理的高考英语(上海卷)进行效度举证,确保"一年两考"制度实施的有效性和公平性。这一对接结果对教育主管部门、考试开发者、教师、学生及家长等利益相关者均将带来益处。这些利益相关者在了解这一效度证据后，可知晓高考英语（上海卷）阅读项目成绩的可比性与解释力（何莲珍，2019）。

主张 2 是对接决策的价值敏感性与公正性。本书研究在这一主张方面的证据是：不仅通过专家评判得出对接结果的临界分，还通过以学生为中心的教师评判及《量表》分级特点等综合设定对接的临界分。这是对接研究中保证对接决策正确性的重要前提（Lim, Geranpayeh, Khalifa & Buckendahl，2013）。价值敏感性要求对接研究的决策综合考虑社会观念及法律要求等。这一方面的证据是：对接决策的公正性体现在第一阶段第二步选取尽可能代表高考英语（上海卷）不同水平的考生群体，使得各水平段的临界分更具有信度（Papageorgious，2016）。

主张 3 是对接结果解释的相关性、充分性、有意义、概推性及公平性。本书研究在这一主张方面的相关性证据是：研究启动前，考试开发者和命题专家组通过调研，了解教师与学生对于不同次考试在成绩可比性与解释力上的需求。对接研究指向高考英语（上海卷），对接结果所呈现的成绩解释与高考英语（上海卷）阅读构念具有相关性。充分性证据是：从"一年两考"与跨年考试的角度综合评判高考英语（上海卷）阅读项目对应《量表》各级别的临界分，并通过交叉验证得到最终对接结果。有意义证据体现在：审视高考英语（上海卷）阅读项目与《量表》阅读能力在构念上的异同，凝练有助于专家评判的描述语。在专家评判中，所有专家均按照程序先模拟作答，并讨论确定各级别起始能力考生的显性特征（蔡宏文，2019；闵尚超，2019）。概推性主张主要涉及产出性技能，故本书研究无显性的相关证据。公平性主张与评判专家的代表性有关，本书研究第一阶段第一步中的专家涵盖初中、高中和大学学段，涉及语言测试专家、考试命题人员、教材编写者、教研员及一线教师等群体，具有广泛的代表性。公平性证据还体现于评判过程，研究者及时反馈相关评判结果，帮助专家在评判过程中避免偏差。

主张 4 是对接记录的一致性。本书研究在这一主张方面的证据是：强调对接研究的程序效度，即按照既定统一程序执行。例如，在评判专家熟悉《量表》与高考英语（上海卷）之前提供有关对接研究学习手册，并在培训中设计大量活动帮助专家正确理解《量表》与高考英语（上海卷）。

综上四个方面的主张和证据，应该指出，本书研究不仅在对接研究的实施，也在对接结果的解释和使用上体现了研究的效度和系统性，验证了高考英语（上海卷）阅读项目的效标关联效度。

　　除本章所报告的研究的有效性和系统性外,高考英语(上海卷)对接《欧框》还有另一层较为深刻的意义。由于 2017 年后上海市的高考外语科目都由上海市教育考试院负责自主命题,因此如何从很大程度上保证不同语种考试之间的可比性,进而提升考试的公平性,就成了重要的课题。本章所报告的基于《欧框》的高考英语(上海卷)阅读项目对接研究就是出于以上考虑而开展的研究。只有清晰了解不同外语语种(日语、法语、德语、西班牙语和俄语)阅读项目之间对应《欧框》的对接结果,命题专家组在调节试卷难度等方面的依据才能更为充分,这也有助于在新时代深化教育评价制度改革的背景下优化现有结果评价的一些有益做法。

第 9 章　高考英语（上海卷）的后效效度

　　在本书所应用的社会-认知效度验证框架（Weir，2005）中，后效效度并非是一个崭新的概念。从奥尔德逊和沃尔（Alderson & Wall，1993）到巴赫曼和帕尔默（Bachman & Palmer，1996），再到麦克纳马拉（McNamara，2000）的有关研究论述，语言测试领域的学者大多都认为，反拨效应（washback effect）是指考试从微观层面对个体（如考生、教师、考试开发者等）所产生的影响，而后效或后效效度研究则关注参加考试或考试结果的使用过程中产生的后续效果或作用，是作用于宏观层面，即整个教育体系和社会的影响。

　　历史上，有关语言考试的反拨效应研究可追溯到 20 世纪五六十年代。当时，怀斯曼（Wiseman，1961）提出语言考试可能扭曲教学，使教师只注重培训学生的应试技巧而非讲解语言技能。但直到奥尔德逊和沃尔（Alderson & Wall，1993）提出要多关注反拨效应的实证研究后，教育界才真正开始重视语言考试的反拨效应研究。

　　现今学界对反拨效应的认识较接近休斯（Hughes，1989、2003）提出的反拨作用。休斯（Hughes，2003）认为，测试对教学和学习产生的反拨作用可能是积极的，也可能是负面的。积极的反拨作用会对课程的完善、教材或教法的更新起到推动作用，而负面的反拨效应则不仅不能推动教学和学习的进步，还可能导致教与学误入歧途。教学与测试更像是伙伴关系，测试应该鼓励好的教学、纠正不好的教学。

　　虽然国内对 washback 一词的翻译有"反拨效应""反拨作用"或"后效作用"等译法（邹申、董曼霞，2014），但学界普遍认为后效作用指在更为宽泛的理论框架内讨论反拨作用。休斯（Hughes，2003）也提出，测试对教学的反拨效应可视为一个更为宽泛的概念，即考试影响（impact）的一部分。相对而言，考试影响或后效比反拨更复杂。

　　巴赫曼和帕尔默（Bachman，2005；Bachman & Palmer，2010）从考试设计

和开发的角度出发,认为后效是考试效度的关键构成部分,在开发和设计考试时要首先考虑考试可能会造成的影响,并采取一切措施确保考试发挥积极作用,减少负面影响。夏佩尔等(Chapelle *et al*., 2010)也认为测试除影响教学外,还会对整个教育体系和社会产生各种影响。禅侯博–戴维拉(Chalhoub-Deville, 2016)则强调后效的社会维度,认为测试研究者也应该参与到政策制定的过程中,并由此提出了问责理论框架(theory of accountability),测试由此正式进入了政策驱动的问责评价时代(policy-driven accountability assessment)(席小明、张春青,2020)。

本章聚焦高考英语(上海卷)对高中英语教学的影响,因此在应用社会–认知效度验证框架开展后效效度研究时,该效度属于狭义上的后效效度。原因有两个方面。其一是考试对社会上的影响就广义而言较为宽泛,在选取影响焦点上存在操作层面的困难。其二是一项考试对社会的种种影响往往并非是一蹴而就的。在时间维度上,考试对社会各方面产生的影响需要较长一段时间的沉淀后才能充分展现,并往往伴随考试在结构、题型、施考模式等方面发生的改变。在强度维度上,考试对社会各方面所产生的影响会有所不同。因此,本章节中的有关文献仍将沿用反拨、反拨效应、反拨作用等术语指代考试对教学和学习所产生的直接影响,并以后效、后效研究、后效效度研究等术语描述测试对整个教育体系、对社会所产生的更为复杂和宽泛的影响。

9.1 我国英语考试后效效度研究回顾

我国对语言测试后效效度的实证研究中绝大多数集中在对大学英语四、六级考试和英语专业四、八级考试进行研究(江进林,2018),但对高考英语(含全国卷和自命题卷)的实证研究数量并不多。

金艳(2006)和辜向东等(2010、2014)对大学英语四、六级考试对教学和学习的整体反拨作用进行了观察,从不同层面发现该考试对大学英语教学所产生的影响。此外,由于大学英语四、六级考试自 2007 年起大幅调高了听力部分在总分中的占比(由原 20% 上调为 35%),因此在 2008 至 2010 年间涌现出较多关注大学英语四、六级听力题型调整对教学和学习反拨作用的研究。比如,曹勤(2009)从五个维度讨论了大学英语四级听力测试对大学英语教师教学的反拨作用,认为题型调整后对大学英语四级考试所产生的反拨效应总体上是正面的。

又如,石小娟(2010)针对调整后的大学英语四、六级听力考试,开展了一项长达三年的后效追踪调查。研究者发现,题型调整后的听力测试设计和听力试题在全卷上的权重增加确实影响到学习者对英语听力的学习态度、学习投入、学习内容和学习效果,但在不同水平的学习者之间也存在一定差异。此外,其他学者也关注阅读理解、写作、翻译、口语测试等大学英语四、六级考试中单项试题的反拨作用(详见金艳,2000;田瑾,2016;张敏,2015 等)。

同样,国内学者也重点关注了英语专业四、八级考试的后效研究。比如,秦秀白(2012)认为,英语专业四、八级考试对教学起到了促进作用,提出要充分利用该考试作为教学质量检查类考试的性质来不断改进英语专业的教学内容和方法,并逐步提升教学质量。徐倩(2012)对 5 位外语专家和 724 位参考院校的英语学科负责人进行问卷调查,发现 80% 以上被调查者认为英语专业八级考试对高校英语专业教学的正面影响大于负面影响。潘鸣威、邹申(2020)在回顾英语专业四、八级考试三十年发展历程时也指出,英语专业四、八级考试的社会影响日益显著,并对国外高校英语语言证明、国内高校研究生英语教学、中小学英语教师编制等方面产生了一些意想不到的影响。

但我国高考英语的实证研究数量并不多。在我国大规模英语考试中,高考英语所受到的关注或许是最多的。人们将高考比作指挥棒,普遍地将考什么就教什么和怎么考就怎么教理所当然地视为高考的后效。但这种后效显然是受到诟病的:过分看重成绩会助长应试教育,填鸭式的教学方法和死记硬背的学习方法都以牺牲学生对学习的热情作为代价。显然,整个社会对高考所产生的后效并不满意。基于此,亓鲁霞(2004、2012)发现高考英语(全国卷)的期望后效与实际后效存在不完全符合的现象,因此认为需要在确保高考英语公平公正性的前提下,经过充分论证和系统调查,对现有高考英语(全国卷)题型进行系统化改革。但张浩和张文霞(2020)以高中英语教师为研究对象,观察了高考英语科目对高中英语教学的反拨作用。研究者认为,虽然高考的高利害性给教师和学生带来了一定挑战,但高考英语科目在高中英语教学的诸多方面仍发挥了积极的正向作用。

但就以上后效效度研究的回顾来看,针对高考英语的反拨效应研究或后效研究仍较少见(邹申,董曼霞,2014)。其中可能的原因有两个方面。第一,高考英语作为大规模、高利害考试,在考试数据的保密性上始终存在不可逾越的鸿沟。这使研究者在很大程度上无法触及真正的考试数据,也无法在一定规模上对考生数据进行组别分类或整合分析。以课堂观察、问卷调研或访谈为主要研究方法的反拨效应研究无法形成后效效度所要求的集群效应。第二,高考英语已经历经了较长时间的发展,其稳定性相对较为理想。若要进一步研究该考试的后效效度,则需有一定的变因(如考试形式、考试结构等)来触发考试对教学乃至社会的新影响。例如,某一新题型对高中英语教学产生的影响。但值得注意的是,由于这些变因是开展后效效度研究的重要节点,在对后效进行归因时还需要参照变因存在之前的现状研究。因此,高考英语后效效度研究的难度不容小觑。

基于此,高考英语(上海卷)的后效效度研究主要聚焦《国务院关于深化考试招生制度改革的实施意见》(国发【2014】35 号)后,上海市明确外语科目考试实施"一年两考"制度后,考试由于题型变化,特别是听说测试计入高考总分后给高中英语教学带来的影响。

9.2 高考英语(上海卷)的后效效度:"一年两考"方案

作为全国率先试点新高考改革方案的省市之一,上海市于 2014 年发布《上海市深化高等学校考试招生综合改革实施方案》,其中具体回答了高考英语(上海卷)在新的发展时期"怎么考"和"考什么"的问题。针对"怎么考"的问题,方案明确提出,上海市从 2017 年起对外语科目实行"一年两考"方案,学生可以自主选择参加考试,以较高的一次成绩计入高考总分。针对"考什么"的问题,高考英语(上海卷)在保持原有笔试(含听力)的基础上调整试卷结构,增加了英语听说能力测试,且调整了部分笔试试题,在全面考查语言能力的前提下注重对语言能力的考查,并逐步开展对语言综合运用能力的考查(详见本书第 1 章)。

外语科目考试对考生提供两次考试机会,这显然对社会、学校、教师和学生都有重大影响,甚至在一定程度上也代表了未来考试的方向。就语言测评而言,"一年两考"由于降低了单次考试可能存在的测量误差,肯定要比原先"一考定终身"的制度更加科学。考试次数的增加不仅有利于减少学生因考试设备故障、身体不适等偶然因素造成的影响(郑方贤、徐雯,2019),也有利于减少学生因心理变动导致的发挥失常问题(张卫,2016),同样也会减轻学生的考试压力与应试焦虑(陈艳君、蔡金亭、胡利平,2018)。而最为重要的是,增加考试机会的目的是为了降低考试的利害程度,减轻可能存在的高中英语应试教学带来的负面影响,通过增加选择性来减轻学生的负担(乔辉,2018),并更全面、准确地反映出学生成绩的真实性,从而有助于促进教育公平(杨志强、辜向东,2020)。

但社会上仍有一些不同的声音,对"一年两考"方案究竟是否真的能够如预期的那样发挥作用存疑。有些社会人士认为,"一年两考"方案虽然初衷是好的,但仍旧对高中教学造成了消极影响,特别是"一年两考"方案对高中英语教学进度与备考安排产生的影响。比如,杨志强和辜向东(2020)认为,"一年两考"方案可能会打乱高中英语教学的正常教学计划和教学秩序,教学进度和难度难以满足不同层次学生的个性化要求,也不利于学生英语学习的持续性。陈艳军等(2018)从教学的角度研究了"一年两考"方案,发现在首次施行该制度时许多英语教师表现出一定程度的不适应,在教学安排与备考上显得较为被动,心理准备不足,并对考试的时间设置存在明显的抱怨情绪。但以上这两项研究均在浙江省开展,"一年两考"的时间跨度较长(安排在高三年级第一学期的10月和第二学期的6月),因此以上结论还尚无法直接用于评价高考英语(上海卷)"一年两考"方案的时间设置。郑方贤等(2021)在比较2017年至2019年高考英语(上海卷)全样本考生在"一年两考"上的成绩表现后发现,三届考生"一年两考"的英语成绩总体上较为稳定。其中,第一次考试设置在高三年级第一学期期末可很大程度上减少对正常教学秩序的干扰,并有利于保证考生在两次考试上能力的相对稳定性。这对其他省市制定"一年两考"方案具有一定的借鉴意义。

除"一年两考"的考试时间设置外,也有学者对该方案对教学的影响提出了自己的看法。比如,乔辉(2018)提出,虽然"一年两考"方案旨在为学生减负,但高中英语教学依然围着高考来转,应试教育及其影响依然存在。张卫(2016)也认为,在一年多次考试方案的背景下,若仍然实施原始分的计分制,学生则会不断参加考试以获得较高分数,这会在一定程度上导致学生负担更重,成为"刷分机器"。相应地,学校也会增加学生的复习和备考时间,加大应试教学和模拟考试的强度,给教师和教学工作造成更大压力。比如,陈艳军等(2018)通过对浙江省79名高中英语教师和710名学生的问卷调查发现,为在考试中尽量取得好的成绩,无论是一次还是两次考试,教师和学生都会不遗余力地为高考备战,因而必然在备考上增加投入。这些负面作用如果不断扩大,有可能导致背离高考外语科目实施"一年两考"方案的初衷。

此外,另一对于高考外语科目"一年两考"的顾虑在于对考试信度的担忧。杨志强和辜向东(2020)提出"一年两考"的结果必须具备可比性,否则无法反映考生的真实语言能力,导致考试不公平。张卫(2016)将不同考次试卷之间的可比性问题列为高考外语科目一年多考所面临的问题之首,提出如何在短期内掌握学生水平的变化并适时根据学生水平的变化调整试卷的难度是考试工作者面临的一个重要难题。

对此,高考英语(上海卷)提出以测评技术解决"一年两考"方案带来的两次考试可比性问题(郑方贤、徐雯,2019)。如本书前几章所述,由于高考英语(上海卷)需向考生报告考试成绩的原始分,无法在考后对考试成绩作任何等值处理,因此上海市建立了一套以标准化题库为基础的命题工作机制,设计了结合项目反应理论与经典测量理论的数据分析流程及题库试题参数体系,开发了题库数据库系统和组卷系统。这种做法在源头上保证了考试试题在难度、区分度和猜测度等参数上的可控性。同时,鉴于高考英语(上海卷)的保密要求,在题库建设之余,上海继续采用封闭入闱命题的工作机制。自2017年首次实行"一年两考"以来的三年间,每年两次考试的平均分(原始分)差距控制在2.4-2.7分的区间内(郑方贤、徐雯,2019)。这一结果在很大程度上证明,在相距约5个月的一年两次考试中,不同试卷试题在反映考生语言能力上具备较为理想的可比性。加之本书其他相关章节对高考英语(上海卷)校标关联效度的有关举证,则可进一步证明一年的两次考试具有较强的可比性。由此可见,这些考试题库设计和建设的具体做法也可供其他开展"一年两考"方案的省市参考,并结合自身的实际情况进一步优化。

9.3　高考英语(上海卷)的后效效度:以听说测试为例

高考英语(上海卷)的《考试说明》中明确表示,考试主要测试考生的英语基础知识和语言运用能力(详见附录)。其中,高考英语(上海卷)着重关注语言运用能力的考核。其中,英语基础知识包括语音、词汇、语法、语言功能和话题;后者指获取、理解信息的能力(听、读)和按情景或要求表达思想、传递信息的能力。这显然与巴赫曼和帕尔默(Bachman & Palmer,1990、1996)提出的交际语言能力模型一脉相承。

在交际语言能力模型中,巴赫曼(Bachman,1990)提出语言能力分为两个部分:组构能力和语用能力。组织能力又细分为语法能力和语篇能力,前者将词组成话语或句子,后者将话语和句子按一定的形式连接起来形成语篇。语用能力又细分为语言功能能力和社会语言能力,前者能够让所实施的语言功能为人接受,语言功能包括表意、操控、启发和想象,在很多语言行为中经常共同发生作用。而社会语言能力则涉及对方言、语言变体、语域差异的敏感性,语言表达是否地道以及进行修辞的能力等,即取决于特定语言使用环境中的特征。在高考英语(上海卷)中,英语基础知识即是交际语言能力模型中的语法能力和语言功能能力,而语言运用能力主要对应交际语言能力模型中的语篇能力和社会语言能力。由此可见,高考英语(上海卷)是以交际语言能力模型为理论依据的一项语言考试。

但正如本书第 1 章所述,高考英语(上海卷)在早期探索中更注重对英语基础知识的考查,且基本只考查考生在读与写方面的能力。直到 2000 年,高考英语(上海卷)口语测试开始以计算机辅助的方式进行,并以人机对话形式开展,从技术上实现了大规模实施英语口语测试的可操作性,这是考试手段现代化道路上的重要一步(徐欣幸、沈本良,2011)。但在 2017 年前,高考英语(上海卷)口试成绩未被计入高考总分,只作为部分高等院校及部分专业录取时的参考依据之一。一方面,高考英语(上海卷)听说测试由于分值占比较低,使得部分普通高中,尤其是高三年级的英语教学只重视听、读、写等能力的培养,而仍旧忽视英语口语教学。这直接或间接导致学生在多年英语学习后却仍然无法在真实情景下进行有效交流,对英语教学的整体质量产生了一定的负面影响。另一方面,高考英语(上海卷)未能体现"说"这一产出性语言技能的重要性,这与语言测试学界所界定的语言能力是不符的(徐雯,2016)。在高考招生制度改革的背景下,为了进一步使高考英语(上海卷)的考试构念趋于完整,高考英语(上海卷)自 2017 年起增设听说测试,并将考生成绩计入录取总分。

以下首先围绕听说测试的题型及其特点说明高考英语(上海卷)在测量学生听说能力方面的意图,然后进一步通过一项大型的后效效度研究说明听说测试成绩计入录取总分对高中英语教学所产生的影响。

9.3.1 高考英语(上海卷)听说测试的设计意图

如本书第 1 章所述,高考英语(上海卷)听说测试采用人机对话形式进行,试卷满分为 10 分,实际考试时间为 20 分钟。

在试卷结构(见表 1-4)上,朗读句子和朗读短文部分要求考生运用所学语音知识和朗读技能,用正确的语音和语调朗读句子和语篇,考查考生的语言知识和语音知识。情景提问部分要求考生能运用所学的语言意念、功能,根据情景要求进行询问以获得所需的信息。看图说话部分要求考生能在《上海市中小学英语课程标准(征求意见稿)》(上海市教育委员会,2004)列出的话题范围内,对人或事进行口头描述、解释和评述。快读应答部分要求考生能听懂日常会话用语并作出应答。在听短文回答问题部分中,第一小题要求考生能根据所听材料回答问题,且一般需要从材料中找到两处不同的相关信息才能给出完整回答;第二小题要求考生能够结合所听材料表达个人观点、感受或发表评论。除了考查语音语调的朗读部分,考生在作答其他题型时都不仅需要调动自身的语言基础知识,还需要在社会语言能力的监控下产出符合语境意义的语句(潘鸣威,2016)。

由试卷结构可见,高考英语(上海卷)听说测试通过单独的朗读任务直接考查语音知识,但通过具体的交际任务间接考查其他与"说"相关的语言知识,而这种任务的选择是有理可循的。巴赫曼和帕尔默(Bachman & Palmer,2010)提出了目标语言使用领域概念,认为考查的语言能力与实际语言运用的场景越是一致,那么通过该测试对考生语言能力的推断就越准确。因此,基于真实性的原则,试题应当尽可能地接近实际使用场景,既有可能需要在听懂他人言语的基础上作出回应,如与外籍人士进行日常交谈,也有可能不需要与他人交流,只需要表达自己的观点和意见,比如在英语课堂教学中自我展示(徐雯,2021)。与此相对应,高考英语(上海卷)听说测试中就设计了模仿日常交谈的情景提问和快速应答,也包括了需表达自己观点的看图说话以及听短文回答问题(第2个问题)。

高考英语(上海卷)听说测试创设的交际情景是尽可能真实、现实的。考生在作答时需要先通过梳理题干理清自己的角色和交际的目的,并根据不同的场景注意语言使用的得体性。比如,在场景提问环节,有以下两道例题。

【例9-1】Your classmate has got a football with some football stars' signatures. Ask him about those signatures.

【例9-2】Your mother's colleague just came back from his volunteer experience. Ask him about his experience.

在考试设计者所创设的场景中,考生首先需要判断自己与交际对象的身份。在例9-1中,考生的对话对象是 your classmate,即两者的关系是同学,但在例9-2中出现了三个人物:your mother、your mother's colleague 和 you(考生自己)。那么考生需要以一个学生的身份对母亲的同事提问。但若考生或者是因为过于紧张,或者由于读题能力、听力理解能力欠缺就可能造成审题不清,或者是自己的身份认识有误,或者是提问对象有误,就会产生作答偏题的现象(张蓉,2019)。

高考英语(上海卷)在命题时还充分贯彻了以考生为中心的思想。既然是模仿真实语境中的对话交流,考生就应该具有一定的自主性和选择权。在交际应答时,只要能够体现功能意念即可,不必强求所有考生都给出一模一样的模板式回答,否则就是将自然的"说"变成了机械的"背",恐怕又将造成另一种负面的反拨。比如在快速应答部分有如下例题。

【例 9 - 3】Isn't the ticket for the concert far too expensive?

本题考查的功能意念为赞同与不赞同,即考生可以根据自己的想象和想法,决定回应的方式是"赞同"或是"不赞同"。试题本身并不预设"一刀切"的标准答案,而是将选择留给考生,这无疑是出于拒绝应试思维、鼓励考生独立思考的命题初衷。

就题目设计而言,考试设计者还兼顾到不同水平程度的考生,且从立意上渗透对学生文化意识、思维品质等核心素养的要求。试以下例说明。

【例 9 - 4】看图说话(首句已给)。

It was Saturday.

由例9-4的系列图片可知,故事主要描述了一家人在周六去拜访爷爷奶奶(系列图1)。其中爷爷准备了水果,孩子们却只顾着低头玩手机(系列图2);奶奶做了一桌佳肴,孩子们却匆匆扒了几口就重新拾起手机(系列图3);最后爷爷愤然离席(系列图4)。一方面,图片内容丰富、线索明确,让所有参与高考英语(上海卷)听说测试的考生都有话可说。另一方面,在描述画面时也引导考生思考自己在生活中是否也有类似的情况,这样的做法究竟是否应该提倡,充分体现了考试育人细无声的功能。

听说测试的评分标准也同样能够达到充分考查考生能力的目标(评分标准详见表1-5以及相关分析)。应该指出,除句子和篇章朗读外,高考英语(上海卷)听说测试各部分的评分维度均不包含发音与朗读技能。这其实既希望考生能从基础开始提高自己的口头表达能力,但也不希望赋予所谓"口音标准"太多的权重,导致英语的口语教学将重心较多地向语音知识偏斜,反倒忽略了培养在真实的任务中进行交际的能力。此外,除语言的精确性外,与情景和图片的契合也是非常重要的评分指标,强调考生的作答需要更多关注语境意义,达成有效沟通。

综上所述,高考英语(上海卷)听说测试的设计者和命题人员显然已经将自己的意图贯彻在试题中,希望能够通过考试促进英语教学改革,扭转教学中对口语能力不重视的倾向。那么,高考英语(上海卷)听说测试的实施是否能够达成既定的测量目标? 下文具体梳理高考英语(上海卷)听说测试计入高考录取总分后对高中英语教学的后效。

9.3.2　听说测试对高中英语教学的后效

高考英语(上海卷)听说测试计入高考录取总分后备受各界的关注,有多位学者发表了有关听说测试对高中英语教学反拨作用的相关报告。

侯艳萍(2018)对上海市16个区的372名一线高中英语教师进行问卷调查,并对其中的24位进行了访谈,关注这些教师对在高考英语(上海卷)听说测试计入高考录取总分的看法以及此轮高考招生制度改革为自己学校英语教学带来的具体影响以及应对措施等。通过问卷调研,研究者发现,在听说测试改革实施之后,所调研的高中内有近五分之一(18.5%)的高中专门开设了听说课程,超过三分之一(35.2%)的学校在日常英语课上同时进行听说能力的训练,并有近一半(46.3%)的学校不仅专门开设听说课程,还在日常英语课上开展日常英语听说教学。此外,研究者通过访谈还发现,绝大多数受访教师对高考英语(上海卷)听说测试改革持肯定态度。有教师提出,高考英语(上海卷)听说测试要求考生在理解听力材料的基础上进行口头回答,这样的考核方式更接近现实生活中的语言交际活动,可真正反映出考生的综合语言能力。也有教师提到,教师逐渐从教学和研究的层面上越来越关注听说教学,这种改变对于教学真正产生了积极的引导作用。

　　无独有偶,程晓、张诗蕾和钱金袁(2021)采用问卷调查、访谈和课堂观察相结合的方式,对上海市 12 个区的 196 名一线英语教师进行调研,深入了解高中英语教师对高考英语(上海卷)听说测试的看法以及听说测试对英语教学的反拨作用。研究发现表明,虽然高中英语教师仍将阅读作为课堂教学的重中之重,但相较改革前,口语教学受到的重视程度和所分配的教学时间有了大幅增加。这说明高考英语(上海卷)听说测试计入高考录取总分的做法有望逐步改变高中英语教师往往轻视英语口语教学的状况。此外,被调查的 60 余所高中有近一半(46.94%)专门开设了英语听说课,被视为是此次高考招生制度改革对高中英语课程建设的主要反拨作用之一。调查数据也显示,高考改革后英语教师在听说教学中运用广播、电影、电视等音视频的比重增加了近一倍,这说明使用真实生动、贴近生活的材料进行听说教学已成趋势。但受到考试的影响,英语听说模拟考试以及朗读练习仍是教师最经常使用的听说教学活动,这在一定程度上也说明教师仍将应试作为听说教学的主要目的,这是不利于学生长远能力发展的。

　　张蓉(2019)则从微观层面具体观察高考英语(上海卷)听说测试对上海一所市示范性实验高级中学(即市重点)所产生的各种反拨作用。高考改革后,学校层面增设了标准化听说课程专用教室,购置了听说测试的硬软件设备,增设了英语外教课,且在英语期末考试成绩报告中专设单项的口试成绩。在教师教学方面,平均每周用在听说测试上的课堂教学时间及课后辅导时间为 130 分钟。其中,教师努力创设接近真实世界的交际语境,通过生活中实际操练、英语广播、视频、与外教交谈等手段进行听说能力的培养,这说明高考英语(上海卷)听说测试的反拨作用是显而易见的。但不容忽略的是,仍有教师忽略与考试无关的教学内容,只操练与听说测试题型一致的练习,忽视对学生实际运用语言能力的培养,间接导致考试影响了英语教学。

　　金怡(2021)在以上研究的基础上,多维地考查了高考英语(上海卷)听说测试对高中英语教学的后效。研究团队在上海市 15 个区对共计 690 名高中英语教师开展调研。调研通过问卷形式进行,教师问卷围绕教师理念、教师行为、教师发展、课程安排、教学资源、教学目标、课堂教学、课后作业和教学评价等维度共分 29 项展开。对教师本身从性别、年龄、学历、职称、所教年级、所属学校类型等等特征进行分组后,在各组间差异比较中发现,反拨效应在教师性别、教师学历等方面未产生显著性差异,但在教师年龄、教授年级、所属学校层次等方面存在显著性差异。

　　首先,参与此次调研的英语教师按年龄段可分为 30 岁以下、31－40 岁、41－50 岁和 51 岁以上四类。从对问卷数据结果分析发现,不同年龄段的教师在"教师行为"和"课堂教学"两个维度上的表现存在显著性差异。例如,在"我了解如何有效开展听说教学"一项中,41－50 岁、51 岁及以上两个年龄段的教师比 30 岁以下教师的得分显著更高。说明年资较长的英语教师教学经验相对丰富,对自己的听说教学效果也更有信心。但在课堂教学维度上,中青年教师的得分就高于青年教师或较年长的教师。比如,在"在日常教学中,我增加了学生朗读时间"和"日常听说教学主要围绕听说模拟题展开"两项中,31－40 岁教师的作答显著较高。综合多个维度指标,可发现 30 岁以下新手型英语教师在听说教学中仍有很多方面有待提高。但在"我增加了课外音频、视频等多模态素材的使用"一项中,30 岁以下教师的作答显著最高,且该项作答随着年龄分组的上升逐步下降,这说明在将新鲜事物融入英语听说教学方面,年资较长的英语教师也有需要向青年教师学习之处。

　　其次,本次参与调研的教师分别教授高一、高二或高三。在"我增加了课外音频、视频等多模态素材的使用"以及"在日常教学中,我增加了学生口语表达的机会"两项中,高一年级教师的得分显著高于高二、高三教师的作答结果,但在"日常听说教学主要围绕听说模拟题展开"一栏中,高二、高三年级教师的作答显著高于高一教师的作答,这很好地反映出听说课堂教学的现状:高一的听说教学仍能较有余裕,但高二和高三年级的训练显然仍偏应试,且后效效应的变化以高二年级作为分水岭,在强度上逐步增强。

　　最后,上海市高中按类型划分为市示范性实验学校、区示范性实验学校、普通完全中学和民办高中四类。但由于民办高中的受访人数较少(仅占 4.78%),因此未纳入横向比较范围。从教师本身的认知和教学行为来分析,从属哪类学校并未对他们的英语听说教学造成显著影响,但不同类型的高中在学校层面的课程安排以及教学资源方面仍存在较大差异。比如,在"我所在的学校对于高中阶段听说教学有整体设计"和"我所在的学校开设了专项听说课"两项中,市示范性和区示范性学校教师的作答得分较为接近,并无显著性差异,但这两者都显著高于普通完全中学教师作答,这说明不同类型高中在英语课程设置方面存在显著差异。

就此项大规模调研的整体反馈而言,高考英语(上海卷)听说测试计入总分对高中英语听说教学起到了正面的反拨作用。高中英语教师普遍对其表示认可,并引发了听说测试对自身听说教学的反思,这对提升教师教学能力起到了正面、积极的推动作用。但不容置疑的是,高考英语(上海卷)听说测试计入总分也存在一定的问题,其中最主要的就是课堂活动中仍较少给予学生参与小组讨论或辩论、汇报或演讲、表演等活动的机会,这在很大程度上使得学生在交际意识方面仍显单薄。如何让学生在有意义的语境中,通过学习和运用语言,达到有效交际的目的,仍是当下在英语听说教学中亟需关注的问题。

9.3.3　听说测试对高中英语学习的后效

测试的目的并非是为了考倒学生,而是为了更好地引导学生进入下一阶段的学习。高考英语(上海卷)听说测试对学生学习英语的反拨作用主要体现在对学生学习态度、学习习惯和学习目的的改变上。

刘森和陈依瑾(2018)以上海某中学的 82 名高三学生作为调查对象,通过问卷形式分别在参加高考英语(上海卷)听说测试前后考查了学生视角下高中英语听说教学的现状。调查显示,在参加高考英语(上海卷)听说测试前,约 70% 的被访学生以应对考试为学习动机,而出于学习兴趣主动进行口语练习的学生不到 10%。就学校层面而言,课程设置上也无固定的英语口语课,因此学生练习英语口语的时间和机会严重不足,约 20% 的受访学生表示在现实生活中对自己的英语听说能力缺乏信心。但在高考英语(上海卷)成绩公布后的后测问卷中,有 74% 的受访学生表示认可面向新高考的英语教学策略,如增加多媒体素材、组织课堂听说活动等;有 80% 的受访学生在教师指导下每周增加了约 1 小时的英语口语训练时间;有 73% 的学生认为对自己两次听说测试的表现较为满意。这都充分说明高考英语(上海卷)听说测试的有用性,体现在学生的学习动机和学习态度等有了明显改进。

同样,张蓉(2019)也汇报了高考改革对学生学习起到的反拨作用。其中,正面反拨主要表现在高三学生平均每周课外用在听说练习上的时间近 110 分钟,但高一、高二学生大约为70分钟。而高考英语(上海卷)听说测试计入高考录取总分之前,无论哪个年级的学生用在英语听说练习上的时间都近乎为零。然而,负面反拨也同样存在,主要表现为当教师在教学时以应试为主,学生便也自动忽略了口语练习,即使练习英语口语亦会有选择性地忽视诸如看图说话、听短文回答问题等课堂上较难操练的题型。这说明高中英语教学摆正了英语听说教学的位置,增加了学生在吸收输入材料的基础上发表自身观点的课堂活动,达到了培养语用功能、促进真实语境下开展语言交际的目的。

程晓等(2021)的研究涉及多达2000名学生的问卷调查,收集了学生对高考英语(上海卷)听说测试的态度和看法以及在新高考政策下的英语学习情况。研究结果显示,学生对自己的口语能力的评价仅次于他们的写作能力,但也发现学生在英语口语练习上投入的时间是最少的。通过对比2016届毕业生(即听说测试计入高考录取总分之前的最后一届)与2018届高三毕业生的有关问卷数据,研究还发现在学生所感知的教学重视程度中,"听力"和"口语"两项的教学比重均有大幅提高。学生认为教师对英语口语教学的重视程度增幅达到48.39%,这说明听说测试计入高考录取总分对学生的听说能力培养起到积极的引导作用,且这种正面作用是学生能直接感知的。但学生也有一些负面评价,如在相关英语活动中,"做与高考笔试听力部分题型相同的听力练习"是频率最高的教学活动,"听课文录音""用所学的词组或句型进行对话练习""用英语进行小组讨论"等频率较低,而学生最少参与的就是"用英语作汇报或演讲",说明目前学生在英语听说活动方面仍然较多参与机械操练练习,在运用语言进行交际的活动上比较薄弱。

金怡(2021)的高中英语听说教学调研报告也倾听了学生的声音。参与此次调研的学生多达4800余名,来自上海市共15个区。研究团队通过五级李克特量表的形式让受访学生就自己的听力和口语学习情况、对高考英语(上海卷)听说测试的看法进行打分,结果有以下几方面。

就学习时间角度而言,有59.73%的受访学生每周在课后进行听力训练的总时长为1小时以内;有33.23%的受访学生每周课后在听力练习上花1-2小时,其余学生课后用在听力练习上的时间甚至超过2小时;有65.79%的学生每周课后进行口语训练的时长在1小时内,有28.08%的学生花在口语练习上的课外时间每周达到1-2小时,且有超过6%的学生每周花在口语练习上的课外时间超过2小时。这些数据都充分说明,就学习态度而言,学生对听说的重视程度已经超过以往。

从学习过程的角度观察,学生自我报告中掌握程度较低的是"以听力内容进行口语训练""以听力内容进行写作""用英语进行表演""用英语进行汇报或演讲",这些均是前文提到过在教学过程中仍较少涉及的部分,这说明教师的指导对学生所起的作用非常大,当教师在教学时对某些方面缺乏关注时,学生就会无从甚至无法在此方面获得听说能力的提高。

但较为遗憾的是,在学习目的上,学生仍是以在高考英语(上海卷)听说测试取得高分作为自己最重要的学习目标,对如何在中长期目标中有效提升自己的英语听说能力的感知较为模糊,认同度有限。

9.3.4　听说测试的其他后效

语言测试不仅对学习和教学起到反拨作用,更会对整个教育制度和社会造成影响(Hughes,2003)。可以说,中国英语教育发展的一大重要推手就是高考,而英语听说测试可能是整个推动面的撬动点。郑方贤和徐雯(2019)曾提出,从2001年起,全国各地高考英语逐步增加听力测试,语言运用能力的考查比重逐渐增加,这迅速影响着我国的中学英语教学,对提高英语教育质量起到了积极的推动作用。英语语言测评体系更是覆盖了学生全部的教育阶段,有效支撑了英语的教育教学。虽然中国英语教育在取得发展的同时确实导致了明显的应试教育倾向,但高考英语(上海卷)更注重语言运用、更考查实际能力,在扭转应试教育方面将发挥作用,使学生在英语学习能力上得到提升,进而链接并认同多元文化,更好地实现全面成长。

此外,新一轮高考改革也为上海高考英语提供了进一步完善考试设计的契机:在保持原有笔试(含听力)的基础上,在确保考试的信度和效度、考虑社会反响的前提下,进一步增加了英语听说能力测试,使得调整后的上海高考英语试卷不仅实现了对英语听、说、读、写四项技能的全面测评,更探索了符合真实语言运用环境的题型,实现了对语言综合技能的考查(郑方贤、徐雯,2019)。

但从整体上说,现有的听说测试仍存在一些问题。如,目前听说测试的10分分值在整卷中占比仍偏低,可能导致部分学校和老师在熟悉测试方法后仍旧比较功利地因为其分值低而在课堂中忽略这一技能的培养。又如,听说测试的区分度不够明显,口语能力强的考生缺乏足够的发挥空间。再如,现有的技术条件仍旧无法让听说测试完全模拟现实生活中的交际过程等(徐雯,2021)。为此,英语高考(上海卷)的专家团队还将继续根据《普通高中英语课程标准(2017年版)》(中华人民共和国教育部,2018)调整试卷结构,以便进一步对高中英语教学产生积极的反拨作用。

9.4　高考英语(上海卷)的后效效度:思考与展望

诸如高考这样的大规模、高利害考试,其影响力是巨大的,因此每一次哪怕最细微的调整和变化都必须经过不断的探索和缜密的论证。这才能有助于推动教学的良性发展,为高等院校选拔人才提供更科学、更全面的依据。

如本章上文所述,虽然高考英语(上海卷)的种种调整与变化在总体上对高中英语教学起到了积极的后效作用,引导高中英语教学朝着更科学、更系统、更符合学生生理心理的方向迈进。徐雯(2019)在回顾高考英语(上海卷)发展过程时提出,考试开发者要不断分析考试数据,从定量分析的角度为考试的后效效度持续举证;也要召开测试专家、教研员、一线教师和考生座谈会,形成定性数据,并与定量数据结合用于相关决策。考试开发者还应结合高中英语教学的听课情况,验证数据分析中提出的假设,了解考试对高中英语教学的后效作用等等。此外,为了进一步跟踪高考英语(上海卷)题型调整和有关变化对英语教学产生的影响,高考英语(上海卷)考试开发者还专门建立了供内部使用的写作和口语语料库,并建立了长效机制收集每次考试的有关产出性语料数据,继而运用语料库分析和自然语言处理工具等从历时的角度分析考生作答的水平变化,这对确保高考命题质量、持续跟踪考生作答情况等将发挥重要作用。潘鸣威(2016)也曾提出,应该系统开展高考英语(上海卷)的效度验证,增加举证数量和维度,并探索不同来源证据之间的内部联系;进一步加强考试数据的透明度,在一定条件下供研究者或教学者根据其不同的目的加以分析,继而为考试的正面反拨作用及其对整个教育体制和社会产生积极的后效作用添砖加瓦。

总之,语言测试总是在不断妥协中前进和优化的。同样,高考英语(上海卷)也需要不断地与时俱进,实现以考促学和以考促评。研究者和利益相关方应冷静看待高考英语(上海卷)所产生的积极后效效应,也应深入分析并应对相关的消极评价,进一步完善考试试题本身、完善考试制度,使之充分发挥立德树人、选才育人和引导教学的核心功能。

附录

上海市高考英语科考试说明(2017 年版)

一、考试性质、目的和对象

全国普通高等学校招生统一考试英语科(上海卷)测试是为全国普通高等学校招生而进行的选拔性考试。它的指导思想是有利于促进学生健康发展,有利于科学选拔人才,有利于维护社会公平、公正。

考试对象是符合 2017 年上海市高考报名条件的考生。

二、考试目标

英语科高考旨在测试考生的英语基础知识和语言运用能力。其中,着重语言运用能力的考核。

英语基础知识包括语音、词汇、语法、语言功能和话题。

语言运用能力指获取、理解信息的能力(听、读)和按情景或要求表达思想、传递信息的能力(说、写)。

语言基础知识和语言运用能力的具体测试目标为:

I. 语言基础知识

主要测试考生对语言基础知识的掌握和运用能力,具体目标为:

(1)能在语境中正确识别和理解不同语音、语调等所表达的意义;

(2)能在语境中正确理解和运用词汇;

(3)能在语境中正确识别、理解和运用语法知识;

（4）能在语境中正确理解和运用语言的交际功能。

II. 听

主要测试考生理解口头英语并运用相关知识完成任务的能力，具体目标为：

（1）能获取并理解话语中的事实信息；

（2）能根据话语中的事实信息进行分析判断；

（3）能推断话语中隐含的意思；

（4）能归纳话语的主旨大意。

III. 读

主要测试考生理解书面英语并运用相关知识完成任务的能力，具体目标为：

（1）能理解文章的基本内容；

（2）能根据上下文正确理解词语和句子；

（3）能推断文章中的隐含意思；

（4）能理解作者的写作意图；

（5）能归纳段落或文章的主旨大意；

（6）能理解句子、段落之间的逻辑关系。

IV. 说

主要测试考生的口头表达能力，具体目标为：

（1）能运用所学的语音知识和朗读技能，用正确的语音和语调朗读句子和文章；

（2）能运用所学的语言意念、功能，根据情景要求进行询问以获得所需的信息；

（3）能对人物或事件进行口头描述、解释或评述。

（4）能听懂日常会话用语，并对此作出应答；

（5）能根据所听材料内容回答问题，并表达个人的观点、感受或作出评论。

V. 写

主要测试考生的书面表达能力，具体目标为：

（1）能运用所学的语言知识译出正确通顺的句子；

（2）能根据题意正确、连贯、贴切地进行书面表达；

（3）能用自己的语言概括所读材料。

三、考试内容和要求

根据《上海市中小学英语课程标准（征求意见稿）》，确定考试内容和要求如下：

I. 词汇

参照上海市教育考试院出版的《2017年高考英语词汇手册》。

II. 语法

1. 词法

（1）名词：名词复数的构成、专有名词、不可数名词、名词所有格

（2）代词：人称代词、物主代词、指示代词、不定代词、疑问代词、反身代词、it的用法

（3）数词：基数词和序数词

（4）介词：介词和短语介词

（5）形容词和副词：同级比较、比较级和最高级的构成及基本用法

（6）冠词：定冠词和不定冠词

（7）连词：并列连词和从属连词

（8）动词

① 动词时态

一般现在时、现在进行时、现在完成时、一般过去时、过去进行时、过去完成时、一般将来时、过去将来时、现在完成进行时、将来进行时（只作理解要求）

② 动词语态

主动语态

被动语态（一般现在时、现在进行时、现在完成时、一般过去时、过去进行时、过去完成时、一般将来时、过去将来时、带情态动词的被动语态）

③ 动词语气　陈述语气、祈使语气、虚拟语气（只作理解要求）

④ 非谓语动词

分词(否定式、完成式、被动式;作定语、表语、宾语补足语、状语)

动名词(否定式、完成式、被动式、复合结构;作主语、宾语、表语、定语)

不定式(否定式、进行式、完成式、被动式、与疑问词连用;作主语、表语、宾语、宾语补足语、定语、状语)

⑤ 情态动词和助动词

2. 句法

(1) 句子种类　陈述句、疑问句、祈使句、感叹句

(2) 句子类型　简单句、并列句、复合句(状语从句、定语从句、宾语从句、主语从句、同位语从句、表语从句)

(3) 倒装句

(4) 强调结构

(5) 独立主格结构(只作理解要求)

III. 语言功能

1. Greetings 问候

　　A. Hello/Hi!

　　　　Good morning/afternoon/evening!

　　　　How are you?

　　B. Hello/Hi!

　　　　Good morning/afternoon/evening!

　　　　Fine, thanks. And you?

　　　　Very well, thank you. And you?

　　　　Please give my regards/best wishes/love to ...

　　　　Please remember me to ...

2. Introduction 介绍

　　A. This is Mr/Mrs/Miss/Ms ...

　　B. How do you do?

　　　　Nice/Glad/Pleased to meet you.

　　C. How do you do?

　　　　Nice/Glad/Pleased to see/meet you, too.

　　　　My name is ...

I'm a student/doctor/etc.

3. Farewell 告别

Goodbye/Bye-bye/Bye!

See you later/tomorrow/See you.

Good night!

Well，I must be off now.

I really must be going now.

4. Thanks 感谢

A. Thank you（very much）.

Thanks a lot.

Many thanks.

Thanks for ...

That's very kind of you.

B. Not at all.

You're welcome.

It's a pleasure.

Don't mention it.

5. Invitation 邀请

A. I'd like to invite you to ...

Will you come to ...?

Would you like to ...?

How about ...?

B. Yes，I'd love to/like to.

Yes，it's very kind/nice of you to ...

Thank you. I'd be glad to.

C. I'd like to，but ...

I'm sorry，but ...

6. Good wishes and congratulations 祝愿和祝贺

A. Good luck!

Best wishes to you.

Wish you a pleasant journey.

Have a good time.

Congratulations!

Congratulations on your success!

Happy birthday to you!

Merry Christmas!

Happy New Year!

B. Thank you.

Thank you. The same to you.

Merry Christmas!

Happy New Year!

7. Attracting attention 提醒,引起注意

Excuse me,...

8. Requesting clarification 澄清

Pardon?

Please say that again.

What do you mean by ...?

I'm sorry I can't follow you.

I'm sorry I didn't catch you.

9. Identifying 辨别

This/That is ...

These/Those are ...

This/That ... is mine/yours.

These/Those ... are mine/yours.

This/That boy is my brother.

These/Those girls are my classmates.

10. Reporting(including describing and narrating) 报告

They did/had/were ...

He said/told me that they had done/were dong/would do ...

11. Correcting 改正

No ...

He/She has no ...

He/She has not any . . .

There is/are no . . .

There is/are not any . . .

He/She has never done/been . . .

You/They do not . . .

He/She does not . . .

There is nothing . . .

（He/She is/does not . . . , is/does he/she?

Yes，he/she is/does

No，he/she isn't/doesn't）

12. Asking for information 询问

Are/Do you/they . . . ?

Is he/she/that . . . ?

When/Where/Why/Which/What do you . . . ?

What's the . . . like . . . ?

What day（date）is it today?

Who/How . . . ?

Can/Could you tell me . . . ?

13. Likes and dislikes 喜好和厌恶

A. I like/love . . . （very much/best）.

B. I don't like . . .

I hate . . .

14. Preferences 偏爱

I like . . . better than . . .

I'd prefer . . . （to . . . ）

15. Intention，want and desire 意愿和欲望

A. I'm going to . . .

I'd like to . . .

I will . . .

I want/hope/intend/plan/wish . . .

B. Are you going to . . . ?

Would you like to . . . ?

Do you want to . . . ?

Will you . . . ?

16. Agreement and disagreement 同意和反对

    A. Yes，please.

       All right/O. K.

       Sure/Certainly/Of course.

       Yes，I think so.

       I agree with you.

    B. No，I don't think so.

       I'm afraid not.

       I'm afraid I don't/can't agree with you.

17. Ability and inability 能够和不能够

    I can . . .

    I can't . . .

    I'm able to . . .

    I'm not able/unable to . . .

18. Certainty and uncertainty 肯定和不肯定

    A. I'm sure (of that).

       I'm sure (that). . .

    B. I'm not sure (of that).

       I'm not sure whether/if . . .

       I doubt if . . .

       I can't be certain . . .

    C. Perhaps . . .

       Maybe . . .

19. Obligations 职责

    I/We/You/He/They must . . .

    I/We/You/He/They have to . . .

    I/We/You/He/They should/ought to . . .

    It is necessary to . . ./that . . .

20. Asking for permission 请求同意及应答

    A. May I ...?

       Can/Could I ...?

       I wonder if I could .../if it is possible to ...

       Would/Do you mind ...?

    B. Yes/O.K.

       Sure/Certainly/Of course.

       That's all right. Please go ahead.

       Not at all.

       Certainly not.

    C. I'm afraid ...

       I'm sorry ...

       You'd better not ...

       I don't think that's possible.

21. Apologies 致歉及应答

    A. I'm (very) sorry. (Sorry.)

       I'm sorry for/about ...

       Excuse me (for ...).

       I apologize for ...

    B. That's all right./That's O.K.

       It doesn't matter.

       That's nothing.

       Don't worry.

       It's nothing.

       Never mind about that ...

22. Appreciation 赏识

    It's very good/nice.

    That's a good idea.

23. Surprise 惊奇

    Really?

    Oh dear!

Is that so?

24. Pleasure 喜悦

  I'm glad/pleased to . . .

  That's nice/great/wonderful/. . .

25. Concerns 关心

  What's wrong（with you）?

  What's the matter（with you）?

  Is there anything wrong/the matter?

26. Regret and sympathy 遗憾和同情

  A. What a shame!

    What a pity!

    It's a pity that . . .

  B. I'm sorry to . . .

    I'm sorry for/about . . .

27. Requests 恳求及应答

  A. Can/Could/Will/Would you . . . ?

    Please . . .

    Don't . . . , please.

    No . . . , please.

  B. O. K.

    Sure/Certainly/Of course.

    I'd be glad/happy to.

  C. I'm afraid . . .

    I'm sorry . . .

28. Offers 提供帮助及应答

  A. Can/Could/Shall I help you?

    What can I do for you?

    Let me . . . for you.

    Do you want me to . . . ?

    Would you like（to）. . . ?

    Would you like me to . . . for you?

Is there anything (else) I can do for you?

Would you like some . . . ?

B. Yes，please.

Thanks. That would be nice/fine.

C. No，thanks/thank you (all/just the same).

That's very kind of you，but . . .

29. Advice and suggestion 劝告和建议

A. You'd better . . .

You should/ought to . . .

You need (to). . .

I suggest that . . .

B. Shall we . . . ?

Let's . . .

Let's . . . , shall we?

What/How about . . . ?

30. Warning and prohibition 警告和禁止

A. Look out!

Be careful!

If you . . . , you'll . . .

B. Don't . . .

You can't/mustn't

31. Judgment and opinion 判断和意见

A. It certainly is.

I find it very interesting/enjoyable/exciting/amusing.

That's great/wonderful/too bad.

B. In my opinion，. . .

It seems . . .

So far as I know，. . .

32. Complaint 抱怨

Could you . . . ?

Why can't you . . . ?

I'm sorry to have said that，but ...

I wish you wouldn't have ...

33. Satisfaction and dissatisfaction 满意和不满意

It couldn't be better.

It was a wonderful/marvelous/great ...

What a great success!

What a disappointment!

参考文献

［1］Alderson，J.C. & Wall，D. (1993). Does washback exist? ［J］. Applied Linguistics，(14),115 - 129.

［2］Alderson，J.C. , Figueras, N. , Kuijper, H. , Nold, G. , Takala, S. & Tardieu, C. (2004). The development of specification for item development and classification within the Common European Framework of Reference for Languages: Learning, Teaching, Assessment (Reading and Listening): Final Report of the Dutch CEF construct project ［R］. Lancaster University.

［3］American Educational Research Association，American Psychological Association & National Council on Measurement in Education. (1954, 1966,1974,1999,2014). Standards for Educational and Psychological Testing ［M］. Washington, D. C.: American Educational Research Association.

［4］Angoff，W.H. (1988). Validity: An evolving concept ［A］. In H. Wainer & H. Braun (Eds.). Test Validity ［C］. Hillsdale: Lawrence Erlbaum，19 - 32.

［5］Bachman，L. F. (1990). Fundamental Considerations in Language Testing ［M］. Oxford: Oxford University Press.

［6］Bachman，L. F. (2016). Investigating variability in tasks and rater judgements in a performance test of foreign language speaking ［J］. Language Testing，12(2),238 - 257.

［7］Bachman，L. F. & Palmer，A. (1996). Language Testing in Practice ［M］. Oxford: Oxford University Press.

[8] Bachman, L. F. & Palmer, A. (2010). Language Assessment in Practice: Developing Language Assessments and Justifying Their Use in the Real World [M]. Oxford: Oxford University Press.

[9] Barkaoui, K. (2007). Rating scale impact on EFL essay marking: A mixed-method study [J]. Assessing Writing, 12(2),86 – 107.

[10] Barkaoui, K. (2010). Variability in ESL Essay Rating Processes: The Role of the Rating Scale and Rater Experience [J]. Language Assessment Quarterly, 7(1),54 – 74.

[11] Barnes, M. (2016). The Washback of the TOEFL iBT in Vietnam [J]. Australian Journal of Teacher Education, 41(7),158 – 174.

[12] Bax, S. & Chan, S. H. C. (2016). Researching the cognitive validity of GEPT High-Intermediate and Advanced Reading: An eye-tracking and stimulated recall study [R]. LTTC-GEPT Report – 07. Taipei.

[13] Bax, S. & Chan, S. (2019). Using eye-tracking research to investigate language test validity and design [J]. System, (83),64 – 78.

[14] Becker, A. (2018). Not to scale? An argument-based inquiry into the validity of an L2 writing rating scale [J]. Assessing Writing, (37), 1 – 12.

[15] Bingham, W. (1937). Aptitudes and Aptitude Testing [M]. New York: Harper & Brothers.

[16] Bonk, W. J. & Ockey, G. J. (2003). A many-facet Rasch analysis of the second language group oral discussion task [J]. Language Testing, 20(1),89 – 110.

[17] Cambridge ESOL. (2008). Item Writer Guidelines for the Cambridge Main Suite Examinations. Cambridge: UCLES.

[18] Canale, M. & Swain, M. (1980). Theoretical bases of communicative approaches to second language teaching and testing [J]. Applied Linguistics, 1(1),1 – 47.

[19] Carr, N. T. (2000). A Comparison of the Effects of Analytic and Holistic Rating Scale Types in the Context of Composition Tests [J]. Issues in Applied Linguistics.

[20] Chalhoub-Deville, M. (2016). Validity theory: Reform policies, accountability testing, and consequences [J]. Language Testing, 33 (04),453-472.

[21] Chapelle, C. A., Enright, M. K. & Jamieson, J. (Eds.) (2008). Building a validity argument for the Test of English as a Foreign Language [C]. London: Routledge.

[22] Chapelle, C. A., Enright, M. K., & Jamieson, J. (2010). Does an argument-based approach to validity make a difference? [J]. Educational Measurement: Issues and Practice. 29(1),3-13.

[23] Chapelle, C. A. (2012). Validity argument for language assessment: The framework is simple [J]. Language Testing, 29(1),19-27.

[24] Chen, Z. & Henning, G. (1985). Linguistic and cultural bias in language proficiency tests [J]. Language Testing, 2(2),155-163.

[25] Cheng, L. (2005). Changing language teaching through language testing: A washback study (Vol. 21)[M]. Cambridge University Press.

[26] Cheung, K. Y. F., McElwee, S. & Emery. J. (Eds.) (2017). Applying the Socio-cognitive Framework to the BioMedical Admissions Test: Insights from Language Assessment [M]. Cambridge: Cambridge University Press.

[27] Cizek, G.J. (1993). Reconsidering standards and criteria [J]. Journal of Educational Measurement, 30(2),93-106.

[28] Cizek, G. J. & Bunch, M. B. (2006). Standard Setting: A Guide to Establishing and Evaluating Performance Standards on Tests [M]. London: Sage Publications.

[29] Council of Europe. (2001). Common European Framework of Reference for Languages: Learning, Teaching, Assessment [M]. Cambridge: Cambridge University Press.

[30] Council of Europe. (2009). Relating Language Examinations to the Common European Framework of Reference for Languages: Learning, Teaching, Assessment (CEFR): A Manual [M]. Strasbourg: Council of Europe.

[31] Cronbach，L.J. (1988). Five perspectives on validity argument [A]. In Wainer H，Braun H I. Test Validity [C]. Hillsdale：Lawrence Erlbaum，3 – 17.

[32] Cronbach，L.J. (1990). Essentials of Psychological Testing (5th ed.) [M]. New York：Haper and Row.

[33] Davies，A.，Brown，A.，Elder，C. & Han，B.C. (2012). Dictionary of Language Testing [M]. Cambridge：Cambridge University Press.

[34] Deygers，B. & Van，G.K. (2015). Determining the scoring validity of a co-constructed CEFR-based rating scale [J]. Language Testing，32 (4),521 – 541.

[35] Dunlea，J. (2016). Validating a set of Japanese EFL proficiency tests：Demonstrating locally designed tests meet international standards [D]. University of Bedfordshire.

[36] Erdosy，M.U. (2014). Exploring variability in judging writing ability in a second language：A study of four experienced raters of ESL compositions [J]. ETS Research Report Series，1 – 62.

[37] Field，J. (2013). Cognitive validity. In Geranpayeh，A. and Taylor，L. (Eds.). Examining Listening：Research and Practice in Assessing Second Language Listening [M]. Studies in Language Testing 35，Cambridge：UCLES/Cambridge University Press，77 – 151.

[38] Finocchiaro，M.，& Sako，S. (1983). Foreign Language Testing：A Practical Approach [M]. Regents Publishing Company.

[39] Fulcher，G.，Davidson，F.，Kemp，J. (2010). Effective rating scale development for speaking tests：Performance decision trees [J]. Language Testing，28(1),5 – 29.

[40] Galaczi，E. D.，French，A.，Hubbard，C. & Green，A. (2011). Developing assessment scales for large-scale speaking tests：A multiple-method approach [J]. Assessment in Education：Principles，Policy and Practice，18(3),217 – 237.

[41] Goodwin，L. D. (2002). Changing conceptions of measurement validity：An updated on the new standards [J]. Journal of Nursing

Education，41(3)，100 – 106.

[42] Green，A. (2007). IELTS Washback in Context：Preparation for Academic Writing in Higher Education [M]. Cambridge University Press.

[43] Grotjahn，R. (1986). Test validation and cognitive psychology：Some methodological considerations [J]. Language Testing，3(2)，159 – 185.

[44] Han，F. (2021). Washback of the reformed College English Test Band 4 (CET – 4) in English learning and teaching in China，and possible solutions [J]. Challenges in Language Testing Around the World，35 – 46.

[45] Hawkey，R. (2006). Impact Theory and Practice：Studies of the IELTS Test and Progetto Lingue 2000 [M]. Cambridge University Press.

[46] Heaton，J.B. (1991). Writing English Language Tests [M]. London/ New York：Longman.

[47] Holzknecht，F.，McCray，G.，Eberharter，K.，Kremmel，B.，Zehentner，M.，Spiby，R. & Dunlea，J. (2021). The effect of response order on candidate viewing behaviour and item difficulty in a multiple-choice listening test [J]. Language Testing，38(1)，41 – 61.

[48] Hughes，A. (1989). Testing for Language Teachers [M]. Cambridge：Cambridge University Press.

[49] Hughes，A. (2003). Testing for Language Teachers (2nd ed.) [M]. Cambridge：Cambridge University Press.

[50] Huot，B.A. (1998). The validity of holistic scoring：A comparison of talk-aloud protocols of expert and novice holistic raters [D]. Indiana，PA：Indiana University of Pennsylvania.

[51] Hymes，D.H. (1972). On communicative competence [A]. In Pride J B，Holmes J (Eds.) Sociolinguistics [M]. London：Penguin，269 – 293.

[52] Kaftandjieva，F. (2004). Standard setting [A]. In Council of Europe，Reference Supplement to the Preliminary Pilot Version of the Manual

for Relating Language Examinations to the Common European Framework of Reference for Languages: Learning, Teaching, Assessment [C]. Strasbourg: Language Policy Division.

[53] Kane, M. T. (2001). Current concerns in validity theory [J]. Journal of Educational Measurement, 38(4),319 - 342.

[54] Kane, M., Crooks, T. & Cohen, A. (1999). Validating measures of performance [J]. Educational Measurement: Issues and Practice, 18 (2),5 - 17.

[55] Kane, M. (2002). Validating high-stakes testing programs [J]. Educational Measurement: Issues and Practice, 21(1),31 - 41.

[56] Kane, M. (2006). Validation [J]. Educational Measurement: Issues and Practice, 4(2),17 - 64.

[57] Keck, C. (2006). The use of paraphrase in summary writing: A comparison of L1 and L2 writers [J]. Journal of Second Language Writing, 15(4),261 - 278.

[58] Kim, H.J. (2015). A Qualitative Analysis of Rater Behavior on an L2 Speaking Assessment [J]. Language Assessment Quarterly, 12(3),239 - 261.

[59] Kim, S. (2010). Characteristics of EFL readers' summary writing: A study with Korean university students [J]. Foreign Language Annals, 34(6),569 - 581.

[60] Kelley, T. L. (1927). Interpretation of Educational Measurements [M]. New York: New World Book Company.

[61] Khalifa, H. & Weir, C.J. (2009). Examining Reading: Research and Practice in Assessing Second Language Reading [M]. Cambridge University Press.

[62] Knoch, U. (2011). Rating scales for diagnostic assessment of writing: What should they look like and where should the criteria come from? [J]. Assessing Writing, 16(2),81 - 96.

[63] Knoch, U. & Chapelle, C. A. (2018). Validation of rating processes within an argument-based framework [J]. Language Testing, 35(4),

477 - 499.

[64] Kumar, D. (2005). Performance appraisal: The importance of rater training [J]. Journal of the Kuala Lumpur Royal Malaysia Police College, 4(1),1 - 17.

[65] Kunnan, A. J. (2000). Fairness and justice for all [A]. In A. J. Kunnan (Ed.). Fairness and Validation in Language Assessment [M]. Cambridge: Cambridge University Press (9),1 - 14.

[66] Kunnan, A.J. (2004). Test fairness [A]. In Milanovic M. & Weir, C. (Eds.). European Language Testing in a Global Context [C]. Cambridge: Cambridge University Press, 27 - 48.

[67] Lado, R. (1961). Language Testing [M]. London: Longman.

[68] Lazaraton, A. (2018). A Qualitative Approach to the Validation of Oral Language Tests [M]. Shanghai: Shanghai Foreign Language Education Press.

[69] Lim, G. S., Geranpayeh, A., Khalifa, H. & Buckendahl, C. W. (2013). Standard setting to an international reference framework: Implications for theory and practice [J]. International Journal of Testing, 13(1),32 - 49.

[70] Linacre, J. K. (2005). A User's Guide to Winsteps/Ministeps Rasch-Model Programs [M]. Chicago: Mesa Press.

[71] Lindquist, E. F. (1942). A First Course in Statistics [M]. New York: Houghton Mifflin.

[72] Ling, S. (2004). Textual Borrowing in Second-Language Writing [J]. Written Communication, 21(2),171 - 200.

[73] Lumley, T. & McNamara, T. F. (1995). Rater characteristics and rater bias: Implications for training [J]. Language Testing, 12(1),54 - 71.

[74] Lumle, T. (2002). Assessment criteria in a large-scale wring test: What do they really mean to the raters [J]. Language Testing, 19(3), 246 - 276.

[75] Madaus, G. F. & Keillor, G. (1988). The influence of testing on the curriculum [J]. Teachers College Record, 89(5),83 - 121.

[76] McNamara，T. （2000）. Language Testing ［M］. Oxford：Oxford University Press.

[77] McNamara，T. （2003）. Looking back，looking forward：Rethinking Bachman ［J］. Language Testing，（20），464 - 473.

[78] Messick，S. A. （1980）. Test validity and the ethics of assessment ［J］. American Psychologist，35(11)，1012 - 1027.

[79] Messick，S. （1996）. Validity and washback in language testing ［J］. Language Testing，13(3)，241 - 256.

[80] Messick，S. A. （1988）. The once and future issues of validity：Assessing the meaning and consequences of measurement ［A］. In H. Wainer & H. Braun （Eds.）. Test Validity ［C］. Hilldale：Lawrence Erlbaum，33 - 46.

[81] Messick，S. （1989）. Validity ［A］. In R. L. Linn （Ed.）. Educational Measurement ［C］. New York：Macmillan.

[82] Messick，S. （1989）. Meaning and values in test validation：The science and ethics of assessment ［J］. Educational Researcher，18(2)，5 - 11.

[83] Milanovic，M. （2009）. Cambridge ESOL and the CEFR ［J］. Research Notes，（37），2 - 5.

[84] Milanovic，M. ，& Weir，C. （2010）. European Language Testing in a Global Context ［M］. Cambridge：Cambridge University Press.

[85] Messick，S. （1996）. Validity and washback in language testing ［J］. Language Testing，13(3)，241 - 256.

[86] Morrow，K. （1985）. The evaluation of tests of communicative performance ［J］. Prospect，1(2)，32 - 44.

[87] Nakatsuhara，F. （2011）. Effects of test-taker characteristics and the number of participants in group oral tests ［J］. Language Testing，28(4)，483 - 508.

[88] North，B. （2000）. The Development of a Common Framework Scale of Language Proficiency ［M］. Peter Lang，Berne.

[89] O'Sullivan，B. （2000）. Towards a model of performance in oral language testing ［D］. University of Reading.

[90] Papageorgiuos, S. & Tannenbaum R. (2016). Situating standard setting within argument-based validity [J]. Language Assessment Quarterly, 13(2),109 – 123.

[91] Roever, C. & McNamara, T. (2006). Language testing: The social dimension [J]. International Journal of Applied Linguistics, 16(2), 242 – 258.

[92] Shaw, S. D. & Weir, C. J. (2007). Examining Writing: Research and Practice in Assessing Second Language Writing (Vol. 26) [M]. Cambridge University Press.

[93] Shih, C. M. (2007). A new washback model of students' learning [J]. Canadian Modern Language Review, 64(1),135 – 161.

[94] Tannenbaum, R. J. & Wylie, E. C. (2008). Linking English-Language Test Scores onto the Common European Framework of Reference: An Application of Standard-Setting Methodology TOEFL iBT TOEIC CEFR [R]. Princeton: Educational Testing Service.

[95] Taylor, L. (Ed.). (2011). Examining Speaking: Research and Practice in Assessing Second Language Speaking (Vol. 30) [M]. Cambridge University Press.

[96] Taylor, L., Galaczi, E. D. (2011). Scoring Validity of Speaking Tests [M]. Cambridge: Cambridge University Press.

[97] Tenopyr, M. L. (1977). Content-construct confusion [J]. Personnel Psychology.

[98] Vaughan, C. (1991). Holistic assessment: What goes on in the rater's mind? [C] In Hamp-Lyons, L. (Ed.). Assessing Second Language Writing in Academic Contexts [A]. Norwood, NJ: Ablex Publishing Corporation, 111 – 125.

[99] Vollmer, H. J. (1983). The structure of foreign language competence [J]. Current Developments in Language Testing, 3 – 30.

[100] Wang, Z., Zechner, K. & Yu, S. (2018). Monitoring the Performance of Human and Automated Scores for Spoken Responses [J]. Language Testing, 35(1),101 – 120.

[101] Weigle，S.（2002）．Assessing Writing［M］．Cambridge：Cambridge University Press．

[102] Weir，C.J.（2005）．Language Testing and Validation：An Evidence-Based Approach［M］．Basingstoke：Palgrave Macmillan．

[103] Wiseman，S.（1961）．Examinations and English Education［M］．Manchester：Manchester University Press．

[104] Wu，R.（2014）．Validating Second Language Reading Examinations：Establishing the validity of the GEPT through alignment with the Common European Framework of Reference［R］．Taipei：LTTC．

[105] Xi，X.（2010）．How do we go about investigating test fairness?［J］Language Testing，27(2)，147－170．

[106] Zhang，H. & Bournot-Trites，M.（2021）．The long-term washback effects of the National Matriculation English Test on college English learning in China：Tertiary student perspectives［J］．Studies in Educational Evaluation，68，100977．

[107] Zou，S. & Xu，Q.（2017）．A washback study of the test for English majors for grade eight（TEM8）in China：From the perspective of university program administrators［J］．Language Assessment Quarterly，14(2)，140－159．

[108] 陈建林.(2016).大规模英语考试作文评分标准效度验证[J].中国考试,(01),29－38.

[109] 陈洁倩.(2005).从语言知识测试到语言能力测试:上海市英语高考二十年回顾与展望[J].中小学英语教学与研究,(2),45－49.

[110] 蔡宏文.(2019).产出型语言考试与语言标准对接的效度问题:概推性与一致性[J].现代外语,(5),709－721.

[111] 曹勤.(2009).大学英语四级网考听力测试对大学英语教师教学的反拨效应研究[J].外国语文,25(05),164－168.

[112] 陈艳君,蔡金亭,胡利平.(2018).外语高考改革新模式的反拨效应研究[J].外语学刊,(01),79－85.

[113] 程晓,张诗蕾,钱金袁.(2021).上海英语新高考听说测试的反拨效应研究[J].外语教学理论与实践,03,83－94.

[114] 程晓堂.(2017).英语学科核心素养及其测评[J].中国考试,(5),7-14.

[115] 戴海琦.(2006).基于项目反应理论的测验编制方法研究[J].考试研究,(4),31-44.

[116] 丁文,裴赟.(2008).评分趋中性现象的初步分析[J].中国考试,(8),14-18.

[117] 董连忠,乔晓芳.(2020).大学英语四、六级考试对大学英语成绩测试的反拨效应研究[M].北京理工大学出版社.

[118] 范劲松,季佩英.(2005).口语测试中分析性评分量表的构念效度研究[J].中国外语教育,8(03),85-94+110.

[119] 方绪军,杨惠中.(2017).语言能力等级量表的效度及效度验证[J].外国语,(4),2-14.

[120] 付艺,袁群.(2018).海峡两岸高考英语听力测试的发展现状及特点[J].教育学术月刊,(01),104-111.

[121] 高森.(2016):基于多面Rasch模型的初中英语口语测试EBB评分标准研究与效度验证[J].中国考试,(12),29-38+47.

[122] 辜向东.(2007).大学英语四、六级考试对中国大学英语教学的反拨效应实证研究[J].重庆大学学报(社会科学版),(04),119-125.

[123] 辜向东,张正川,刘晓华.(2014).改革后的CET对学生课外英语学习过程的反拨效应实证研究:基于学生的学习日志[J].解放军外国语学院学报,37(05),32-39+159.

[124] 国务院.(2014).国务院关于深化考试招生制度改革的实施意见[EB/OL]. http://www. gov. cn/zhengce/content/2014-09/04/content_9065.htm.

[125] 管彦琪.(2019).广东省高考英语听说考试自动评分的效度研究[D].广东外语外贸大学.

[126] 韩宝成,常海潮.(2011).中外外语能力标准对比研究[J].中国外语,8(4),39-46,54.

[127] 韩宝成,罗凯洲.(2013).语言测试效度及其验证模式的嬗变[J].外语教学与研究,(03),411-425+481.

[128] 何莲珍.(2019).语言考试与语言标准对接的效度验证框架[J].现代外语,42(05),660-671.

[129] 何莲珍,阮吉飞,闵尚超.(2021).基于文本特征的校本写作考试与《中国英语能力等级量表》对接效度研究[J].外语教学,(3),52-57.

[130] 何屹松,孙媛媛,江光贤,张凯.(2021).人工智能评分参与高考网评一评的应用实践[J].中国考试,(9),40-46.

[131] 江进林.(2018).我国外语测试实证研究:回顾与展望:基于外语类主要期刊的统计分析(2006—2017)[J].外语界,(02),40-48.

[132] 金艳.(2000).大学英语四、六级考试口语考试对教学的反拨作用[J].外语界,(04),56-61.

[133] 金艳.(2006).提高考试效度,改进考试后效:大学英语四、六级考试后效研究[J].外语界,(06),65-73.

[134] 金艳,揭薇.(2020).中国英语能力等级量表:口语能力量表研究[M].北京:高等教育出版社.

[135] 金艳,揭薇,王伟.(2022).大学英语四、六级考试与语言能力标准的对接研究[J].外语界,(2),24-32.

[136] 金艳,王伟,张晓艺,赵英华.(2020).大学英语四级口语考试自动评分效度初探[J].中国考试,(07),25-33.

[137] 金艳,张晓艺.(2013).技能综合对语言测试构念效度的影响:培生英语考试与大学英语六级网考的对比研究[J].外语电化教学,(06),3-10.

[138] 金怡.(2021).高考英语(上海卷)听说测试反拨效应调查研究.上海市第五期"双名"基地研究报告[R].上海:上海市教育委员会教学研究室.

[139] 孔文,李清华.(2003).语言测试真实性的多维分析[J].解放军外国语学院学报,(01),55-58.

[140] 李航.(2011).基于概化理论和多层面 Rasch 模型的 CET-6 作文评分信度研究[J].外语与外语教学,(05),51-56.

[141] 李航.(2015).整体与分项量表的使用对 EFL 作文评分信度的影响[J].外语与外语教学,(02),45-51.

[142] 李清华.(2006).语言测试之效度理论发展五十年[J].现代外语,(01),87-95+110.

[143] 刘海峰,蔡正道.(2022).考试文化的承续演变与分类析论[J].中国考试,(01),7-17.

[144] 刘建达.(2010).评卷人效应的多层面 Rasch 模型研究[J].现代外语,33

(02),185－193＋220.

[145] 刘建达.(2015).我国英语能力等级量表研制的基本思路[J].中国考试,
(1),7－11＋15.

[146] 刘建达,韩宝成.(2018).面向运用的中国英语能力等级量表建设的理论
基础[J].现代外语,(1),78－90.

[147] 刘建达,贺满足.(2020).语言测试效度理论的新发展[J].现代外语,
(04),565－575.

[148] 刘建达,吴莎.(2019).中国英语能力等级量表研究[M].北京:高等教育
出版社.

[149] 柳明明.(2015).高考英语听后口头复述任务效度论证研究[D].北京外
国语大学.

[150] 刘庆思.(2008).改革开放三十年来我国高考英语科的发展情况[J].课
程·教材·教法,(04),22－27.

[151] 刘森,陈依瑾.(2018).基于上海英语高考改革的听说教学实践探究[J].
外语电化教学,(05),30－34.

[152] 罗凯洲.(2019).整体效度观下语言测试四种效度验证模式:解读,评价与
启示[J].外语教学,40(6),76－81.

[153] 吕鸣.(2017).语音检测技术在高考外语听说机考中的应用探析[J].中国
考试,(06),55－59.

[154] 吕鸣.(2015).智能测评技术在大规模英语口语考试评卷中的探索与实践
[J].中国考试,(10),51－57.

[155] 吕生禄.(2017).中国高考英语测试四十年:发展特征与优化思路[J].双
语教育研究,(4),25－33.

[156] 马世晔.(2004).网上阅卷的回顾与思考[J].中国考试,(7),24－26.

[157] 梅德明,王蔷.(2018).普通高中英语课程标准(2017年版2020年修订)
解读[M].北京:高等教育出版社.

[158] 闵尚超.(2019).接受型语言考试与语言标准对接的效度问题:一致性
[J].现代外语,(5),696－708.

[159] 潘鸣威.(2016).以理论为纲,以效度为本,打造全面测量交际语言能力的
高考英语[J].外语测试与教学,(04),15－23＋59.

[160] 潘鸣威.(2017).从高考改革看"题库"建设[N].文汇报,2017年2月10

日第七版.

[161] 潘鸣威,徐欣幸.(2010).基于语料库汉英单句翻译测试的构念效度探究:以全国高考(上海卷)翻译题为例[J].中小学外语教学,(04),65-68.

[162] 潘鸣威,徐雯,冯豫,孔菊芳.(2021).从考试命题迈向科学测评[M].北京:人民教育出版社.

[163] 潘鸣威,邹申.(2020).新时代我国英语专业四、八级考试的挑战、对策与展望[J].外语电化教学,(2),62-68.

[164] 亓鲁霞.(2004).意愿与现实:中国高等院校统一招生英语考试的反拨作用研究[M].外语教学与研究出版社.

[165] 亓鲁霞.(2012).语言测试反拨效应的近期研究与未来展望[J].现代外语,35(02),202-208+220.

[166] 乔辉.(2018).高考英语改革的进展研究[J].课程·教材·教法,(3),126-131.

[167] 乔辉,董滨,刘常亮.(2012).PETS计算机辅助口试自动评分技术研究[J].外语测试与教学,(3),47-52.

[168] 秦秀白.(2012).充分利用四、八级考试的反拨效应,抑制教学质量滑坡[J].外语界,(03),10-14+41.

[169] 谈松华.(2018).高考改革:历史经验与时代使命[J].中国考试,(1),1-7.

[170] 上海教育考试中心.(1988).上海市高考英语试题评析1985—1987[M].上海:上海外语教育出版社.

[171] 上海市教育考试院.(2017).全国普通高等学校招生统一考试上海卷考试手册[Z].上海:上海古籍出版社.

[172] 上海市教育委员会.(2004).上海市中小学英语课程标准(征求意见稿)[S].上海:上海教育出版社.

[173] 上海市人民政府.(2014).市政府关于印发《上海市深化高等学校考试招生综合改革实施方案》的通知(沪府发〔2014〕57号)[EB/OL].https://www.shanghai.gov.cn/nw31810/20200820/0001-31810_40261.html.

[174] 邵志芳,庞维国.(2016).高考成绩性别差异研究的回顾与展望[J].华东师范大学学报(教育科学版),(01),69-75+118.

[175] 石小娟.(2010).新四、六级听力考试的后效作用跟踪研究[J].外语界,

(03),80－86.

[176] 田瑾.(2016).写作测试反拨效应对大学英语教学的提升作用研究[J].广西民族大学学报(哲学社会科学版),38(03),165－168.

[177] 万晓玲.(2016).高考英语写作评分量表研究[D].湖南师范大学.

[178] 汪洋.(2019).探究读写结合写作任务在高考英语中的运用:以高考英语(上海卷)概要写作为例[J].外语测试与教学,(04),31－39.

[179] 王海贞.(2011).英语录音口试评分过程研究[J].外语测试与教学,(04),42－50.

[180] 吴雪峰,柳烨琛,殷缘.(2018).英语写作评分标准模型的建构及其效度研究[J].外国语文,34(05),137－146.

[181] 吴雪峰,肖杨田.(2020).基于过程导向的英语写作评分量表效度验证[J].外国语文,36(05),150－159.

[182] 席小明,张春青.(2020).语言测评的效度概念及效度验证:发展与挑战[J].中国考试,(6),19－26.

[183] 辛涛.(2005).项目反应理论研究的新进展[J].考试研究,(7),18－21.

[184] 徐倩.(2012).英语专业八级考试的反拨作用研究:对外语专家和英语学科负责人的一次调查.外语界,(03),21－31.

[185] 许皖栋,辜向东.(2020a).六级、雅思和托福阅读考试认知过程对比研究:基于眼动和访谈的证据[J].外语与翻译,(04),2－10＋98.

[186] 许皖栋,辜向东.(2020b).认知效度理据、概念、模型及实证研究综述[J].当代外语研究,(06),68－78＋4.

[187] 徐雯,(2016).刍议新一轮高考改革背景下的高考英语(上海卷):创新、思考与展望[J].外语测试与教学,(4),24－31.

[188] 徐雯.(2019).落实考试公平性:以上海英语高考为例[J].外语测试与教学,(2),9－16.

[189] 徐雯.(2021).口语测评在大规模高利害考试中的实践:以上海高考英语听说测试为例[J].外语测试与教学,(1),21－27.

[190] 徐欣幸.(2002).2001年高考英语(上海卷)特点分析[J].中小学英语教学与研究,(1),39－40.

[191] 徐欣幸.(2005).上海市计算机辅助高考英语口试的实践研究[J].上海教育科研,(10),58－61.

[192] 徐欣幸.(2006).语言测试的实践与进步:高考英语(上海卷)自主命题二十年[J].中国考试,(8),51-54.

[193] 徐欣幸,沈本良.(2011).高考(上海卷)英语口试的实践与思考[J].中国考试,(1),36-41.

[194] 杨惠中,朱正才,方绪军.(2011).英语口语能力描述语因子分析及能力等级划分:制定语言能力等级量表实证研究[J].现代外语,34(02),151-161+219.

[195] 杨志强,辜向东.(2020).高考英语"一年两考"改革的利与弊[J].教学与管理,(9),21-23.

[196] 杨志强,全冬,陈刚.(2020).高等学校英语应用能力口语考试效度多角度验证[J].教育与考试,(06),49-56.

[197] 俞晓琳.(1998).项目反应理论与经典测验理论之比较[J].南京师大学报(社会科学版),(4),74-77.

[198] 张浩,张文霞.(2020).高中英语教师视角下高考英语科目对高中英语教学的反拨作用:基于一项大规模全国性调查[J].外语教学理论与实践,(03),36-45.

[199] 张洁.(2009).评分过程与评分员信念:评分员差异的内在因素研究[D].广东外语外贸大学.

[200] 张洁.(2013).语言运用测试的评分效度:以评分员为中心的研究综述[J].外语测试与教学,(03),25-33.

[201] 张洁.(2020).高考英语概要写作中原文语言借用的界定与评判[J].中国考试,(03),21-27.

[202] 张洁,王伟强.(2019).接受型语言考试与语言标准对接的效度问题:来自标准设定过程的证据[J].现代外语,(5),684-695.

[203] 张敏.(2015).CET改革后翻译测试对英语阅读教学的反拨效应[J].中国教育学刊,(S1),182-183.

[204] 张培欣,贾文峰.(2022).基于论证的TEM8综合写作测试认知效度研究[J].现代外语,(02),257-269.

[205] 张蓉.(2019).新高考背景下高考英语(上海卷)听说测试的反拨效应探析:以J校为例[J].外语测试与教学,(04),47-53.

[206] 张卫.(2016).关于高考外语科"一年多考"的背景、问题及对策的思考

[J].课程·教材·教法,(07),96-100+49.

[207] 郑方贤,徐雯.(2019).新高考推动上海英语教育发展[J].中国考试,(9),32-36.

[208] 郑方贤等.(2021).上海高考研究报告[M].北京:人民教育出版社.

[209] 中华人民共和国教育部.(2003).普通高中英语课程标准[Z].北京:人民教育出版社.

[210] 中华人民共和国教育部,(2018).普通高中英语课程标准(2017年版)[Z].北京:人民教育出版社.

[211] 中华人民共和国教育部,国家语言文字工作委员会.(2018).中国英语能力等级量表[S].北京:高等教育出版社/上海:上海外语教育出版社.

[212] 曾用强.(2017).中国英语能力等级量表的阅读量表制定原则和方法[J].外语界,(5),1-9.

[213] 邹甜甜,杨跃.(2015).通过视频拍摄方法帮助学习者进行英语口语能力自我评价的探索[J].外语电化教学,(04),58-62.

[214] 邹申,董曼霞.(2014).国内反拨效应研究20年:现状与思考[J].中国外语,(04),4-14.

索 引